PEARSON

商业智慧
Remarkable Businesses

钱皮新思维

通过变革赢得竞争

（美）詹姆斯·钱皮 ● 著

李 昆 ● 译

Winning in
Competition through
REVOLUTION

·全球管理大师、**企业再造**之父
·一个能够抓住现实变革根本的 **管理大师**
· **无数人在聆听**他**的声音、关注**他的言行

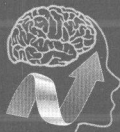

东北财经大学出版社
Dongbei University of Finance & Economics Press

大连

ⓒ　东北财经大学出版社　2012

图书在版编目（CIP）数据

钱皮新思维：通过变革赢得竞争／（美）钱皮（Champy, J.）著；
李昆译.—大连：东北财经大学出版社，2012.1
（商业智慧丛书）
书名原文：Winning in Competition through Revolution
ISBN 978-7-5654-0645-4

Ⅰ．钱…　Ⅱ．①钱…②李…　Ⅲ．企业管理　Ⅳ. F270

中国版本图书馆 CIP 数据核字（2011）第 262850 号

辽宁省版权局著作权合同登记号：图字06-2010-454号
Authorized translation from the English language edition, entitled Compete
by Changing: How Shutterfly Succeeded on a New and Larger Playing Field,
1e. 9780137038770 by Jim Champy, published by Pearson Education, Inc,
Copyright ⓒ 2010 by Pearson Education Inc.

东北财经大学出版社出版
（大连市黑石礁尖山街217号　邮政编码　116025）
教学支持：（0411）84710309
营 销 部：（0411）84710711
总 编 室：（0411）84710523
网 　 址：http://www.dufep.cn
读者信箱：dufep@dufe.edu.cn
大连图腾彩色印刷有限公司印刷　　东北财经大学出版社发行

幅面尺寸：148mm×210mm　　字数：74千字　　印张：7 7/8　　插页：1
2012年1月第1版　　　　　　　　　　2012年1月第1次印刷

责任编辑：李　季　吉　扬　　　　　责任校对：王　娟
封面设计：冀贵收　　　　　　　　　版式设计：钟福建

ISBN 978-7-5654-0645-4
定价：26.00元

作者简介

詹姆斯·钱皮，管理学家，以研究业务重组、组织变革和企业复兴等战略管理问题闻名于世。钱皮曾经担任过CSC 咨询集团的总裁，并且是 CSC Index 国际管理咨询公司的创始人之一。目前，他是佩罗系统顾问公司董事长，还在 PBS 商务频道主持节目，并给《福布斯》、《销售与营销管理》、《哈佛商业评论》等杂志撰写专栏文章。他与迈克尔·哈默合著的《企业再造》于 1995 年被美国《商业周刊》评为最畅销的商业类图书之一，并与《基业长青》、《卓越管理》等书一起被《福布斯》评为影响世界商业最深远的 20 本书。

李昆，博士，曾在欧美留学多年，现为四川大学工商管理学院副教授，主要研究领域为金融投资和中小企业管理。

目　录

我从德鲁克那里学到了什么？

如果为管理学的大师们修一座万神殿，我的朋友彼得·德鲁克的半身像应该放在大殿前排的正中。每当面临管理上的难题时，我总是会去想如果是德鲁克的话，他会给出什么样的解决方案。他谜一样的笑容——和蔼可亲且善解人意——总能予我以启迪，使我在曲折的路上不至迷失方向。德鲁克本人也像他的著述和名声一样充满活力和魅力，深受人们的敬畏，被公认为20世纪企业管理领域最有影响的思想家。他的怪癖使其更富传奇色彩。由于对物质财富不感兴趣，德鲁克在南加州农场的一所普通的平房里生活和工作，在那里丝毫体现不出他举世皆知的影响力。他对日本艺术有非常精深的研究，你会以为他房间里装满了日本艺术的无价之宝，但实际上我在他家里从来没有看到过哪怕是一件日本艺术品。他的妻子多丽丝也是不露面的高人，我能听到她在房外轻轻走动的声音，但从来没有见过她。彼得的衣服往往颜色鲜艳，彼此不太搭配。他说话声音低沉，带有很重的奥地利口音。甚至在他步入九十高龄后，仍然保持清瘦和警觉，脸上充满丰富的表情，眼中充满了智慧。

和彼得在一起能学到很多东西，他的谈话是一个用历史细节串起来的花环。例如，当你问到该如何组织你的公司时，他会先描述 18 世纪的普鲁士军队，然后指出其中与你在 21 世纪所遇到的管理问题所具有的惊人相关性。他说话句式完美，思维跳跃，话题从歌德到艾尔弗雷德·斯隆再到他祖母的钢琴演奏。然而，他总会回到谈话的重点。我们的交谈总是在同一个新德尔菲风格的环境中进行——他家的前廊。整个上午，我们坐在两个并排的摇椅上，轻轻地来回摇摆。

到吃午饭的时候，他会带我去他最喜欢的当地餐厅。

德鲁克被广泛尊为现代管理学之父，这是有充足的理由的。

他总是先来一道意大利婚礼汤①和两杯红葡萄酒。餐后我们又会回到他家的门廊继续一整个下午的交谈。一小时又一小时的交谈中，彼得证实了我的信念：他不仅是一个杰出的知识分子，更是一个真正的人文主义者，认识他是我人生的一大幸事。

德鲁克被广泛尊为现代管理学之父，这是有充足的理由的。当他在 2005 年去世时，已是 95 岁高龄。在他漫长的一生中，他所著述的 38 本书被翻译成 37 种语言，在世界各地售出数千万册。我最喜欢的是《管理》一书，这本标题简约的巨著写于 20 世纪 50 年代，但仍然准确地描述了管理任何组织的基本原则。他所有的著述都十分务实，我从来没有看到过他的任何书籍有复杂的图表、花哨

---

① 意大利婚礼汤（Italian Wedding Soup），一种西餐汤，其主要成分是牛肉丸和蔬菜。

的图片或其他任何难以辨别和理解的东西。他从不装腔作势，一贯以一种朴实的风格写作。他也以同样质朴的风格教学和演讲，并在世界各地提供咨询。

彼得的工作有两个主要组成部分，第一个是宏观视角的：他认为所有类型的健康组织，如公司、非营利性组织、博物馆、图书馆、体育团队、园艺俱乐部、医院和政府机构等都是社会的黏合剂，能保护社会免受极权主义和经济混乱的侵害。彼得自称为"社会生态学家"，他认为每个组织都应了解自身在这种马赛克式的社会结构中的位置，并在自己所有的行为中为社会的共同利益做出应有的贡献。

他工作的第二个方面侧重于管理本身，如组织的结构、功能和效率。他的书和讲座为企业面临的一些最棘手的挑战提供了现实的解决方案。例如，他非常强调管理者

他非常强调管理者应该关注客户的需求，高效地使用时间，放弃弱势或落后的流程和产品。

应该关注客户的需求，高效地使用时间，放弃弱势或落后的流程和产品。

他认为微观意义上公司经营成功的同时也应该让工作有意义，让员工获得成就感，从而使企业的经营活动具有宏观的社会价值，这正是他学术思想中的两个视角的交点。在他毕生的学术著述中，宏观和微观这两个相辅相成的因素得到清楚阐明和平衡，这也是他学术思想洞见的表现之一。

彼得1909年出生于维也纳一个受过高等教育的家庭，他的父亲是一位著名的奥地利律师，母亲是一位高级公务员。当时维也纳是奥匈帝国的文化和经济中心，彼得的父母交游广泛，常常主办活泼的沙龙聚会，家里弥漫着艺术、政治和哲学气氛。在这种精致的文化氛围中，彼得获得了自如的语言表达能力、强烈的好奇心和才智上的信心。难怪他后来会以一个文艺复兴时期式的全才出现：除了企业管理，他还讲授宗教、哲学、政治学和亚洲艺术，他甚至还写了一本小说。

彼得广博的学识是使他如此迷人的原因之一。他在企业管理之外的广泛兴趣使他成为企业管理领域内一个睿智的思想家。在他看来，企业是较大的社会结构的一部分。在他身上没有很多所谓的管理学大师表现出来的短视，甚至是唯我主义。实际上他很讨厌"管理学大师"这个头衔，正如他所说，"我们使用'大师'（guru）这个词，只是因为'骗子'（charlatan）这个词放在标题中太长。"

彼得这位"非大师"1931 年毕业于德国法兰克福大学，获得文学博士学位。他最初是在德国做一名记者，然后到英国伦敦一家银行做经济学家。在伦敦时，他参加过著名经济学家凯恩斯的一次讲座，这次讲座影响到了他的未来。正如他后来写道："我突然意识到凯恩斯和房间里所有其他的精英都对商品的行为感兴趣，而我是对人的行为感兴趣。"

事实上，在他的整个职业生涯中，彼得对企业的有关财务数据（负债率，甚至是利润）并不是那么看重，在他看来，这些数字是企业经营的结果，而非原因。他重点关注管理者如何才能使组织机构运行得越来越好。例如，大幅度改进员工之间的互动、员工和他们的工作之间的互动以及员工和客户之间的互动。

在经历了童话般的求婚后，彼得在 1937 年和多丽丝·施米茨结婚。两人最初在德国相识，随后有几年失去了联系，他们之间可能发展起来的恋情也就随之无疾而终。某天，他们在伦敦地铁的一个自动扶梯上相遇，一上一下，往相反的方向走去，两个人都开始疯狂地挥手，这显然是一个令人鼓舞的信号。两人很快聚到一起，携手走过后来的路，先是到教堂举行婚礼，然后离开战争阴影笼罩下的欧洲，到美国开始全新的生活。

在美国的最初几年，彼得以自由撰稿人的身份谋生。1943年他成为美国公民，并在1945年出版了他的第一本书——《公司的概念》。这是一本研究通用汽车公司的书，该书对通用汽车公司采用分权化管理结构的创举进行了研究，并迅速成为一本影响深远的著作，分权化管理也随之成为世界上几乎所有大公司管理结构的基本原则。德鲁克对管理的研究就此上路。

1950年，彼得开始了在纽约大学斯特恩商学院历时20年的从教经历，1971年他转往加利福尼亚州克莱蒙管理学院，并在此地工作到离开人世。1987年，为纪念他，该商学院更名为彼得·德鲁克管理学院。

如你可能想到的，彼得是一个广受欢迎的教师，一个天生的表演者——充满活力、扣人心弦、用语诙谐。还有，不要忘记他那些五颜六色的服装。他认为管理是一门"人文科学"，因此在他的讲座中加入了大量来自历史学、社会学、心理学、哲学、文化和宗教的内容。这是一席极其丰盛的知识盛宴，课堂安静得你能听到针掉在地上的声音。

但是，无论他思想的高度和知识的渊博如何让人眼花缭乱，彼得绝不会让你忘了他一直强调的两个主题：其一，商业组织是更大的社会结构的一部分，因而商业行为也必须承担道义上的责任；其二，完善的管理实践能够塑造更多的高效且有效的组织。

彼得正是在第二个领域内做出了最多的开拓性贡献。他是系统化地研究"管理"并使其作为一个学科被接受的第一人。他按结构和功能解构组织，分析其中的每个组件，并不懈地致力于推进组织的效率。他看到浪费时间是组织中的一个普遍现象，因此，他给所有的管理者的第一个处方是一年两次细化到分钟的时间规划。那些遵循这一忠告的人毫无例外地发现他们大块大块的时间花费在了不重要的琐事上。

彼得比任何人早大约 25 年预见到他自己最早提倡的分权化组织结构存在长期风险。例如在通用汽车公司，市场表现不佳和过时的品牌仍在生产的原因就在于生产它们的部门是事实上的独立实体。他建议领导者自问，"如果你准备现在开办这家公司，有哪些现有的市场你不会进入？有哪些现有的产品你不会生产？"

他认为，一个公司考虑放弃一个产品时并不一定是因为在该产品上赔钱了。如果一个产品不适合公司的使命和创造未来，就是成为"今天的敌人"。

未来，就可以考虑放弃它，他将此称为"有计划的放弃"。彼得也是第一个认识到公司无论现在多么成功，也不应该过分陶醉于现有的技术而固步自封的人。正如他所说的那样，创造未来，就是成为"今天的敌人"。

早在1959年，他就创造了现在普遍使用的"知识员工"这个词。发达国家正进入后工业时代，这个新时代需要一类新的员工。知识员工用他们的头脑，而不是他们的双手工作。他们不断吸收新的信息和技术，然后将其用于解决问题、改进产品和流程，并创造机会。

彼得虽然是组织进化理论的支持者，但他也提醒不要因为技术或管理本身而急于追求最新的技术或管理模式。人们很容易被一个表面上的创新所诱惑，但它可能最终被证明和组织的核心使命无关，或者更糟的情况是，表面的创新增加了不必要的复杂性并最终成为企业顺利运行的一

> "我的工作就是提问题，提供答案是你的工作。"

个障碍。对于每一个耀眼的新技术或流程，我们都应该问：这是否有利于我们以最低的价格提供最高的质量？如果不是，无论咨询顾问或销售人员向你推荐该创新时是多么有说服力，都不要在上面浪费任何时间。

彼得充满激情地认为员工应被企业视为一项资产而非成本。他敦促管理者要有尊严地对待所有员工，确保为他们提供所需的工具和自由，使他们能以进取和自尊的态度完成自己的工作。他认为，任何在工作过程中需要进行决策的员工都是管理者，他给管理人员和劳工领袖提出挑战，要求他们给予员工更多的控制权。他强调管理决策对人性的影响，对此管理者们不是总能乐意接受，但他们无法否认按彼得的方法去执行的公司所取得的成果。

像所有伟大的教师一样，彼得的方法不是提供答案，而是提出正确的问题："我的工作就是提问题，提供答案是你的工作。"他向杰克·韦尔奇提出的问题使得通用确立了在其所从事的每个单独的领域都要争取做第一或第二的战略。

在他的整个职业生涯中，彼得以其精彩和精辟的语言著称于世。事实上，他有时被称为德鲁克主席。以下是我最喜欢的几句格言：

➤ 一个人要么在开会，要么在工作。

➤ 预测未来的最好办法就是自己去创造未来。

➤ 我们所谓的管理大部分是使人们更难做成一件事情。

➤ 最没用的事情就是有效地做根本不该做的事情。

➤ 不承担风险的人通常一年犯两个大错；承担风险的人通常一年也只犯两个大错。

➤ 沟通中最重要的事是听出对方没说出来的话。

➤ 每当你看到一个成功的企业，就曾有人为此做出过大胆的决定。

彼得·德鲁克从来不会让人有沉闷的感觉，而他晚年的思想又发生了一个转折。他看到商业世界痴迷于短期利润而牺牲企业的长远健康和更大的社会利益，这使他越来越失望。他谴责高层管理人员和一般员工之间存在的巨大工资差距，他认为 CEO 的工资应该不超过员工平均工资的 20 倍。他感觉商业世界里的贪婪和自利战胜了原则，作为美国企业界最有影响力的评论家之一，他反对盲目兼并和收购，以及随之而来的大批裁员和对员工养老金的劫掠。他说："这在道义上和社会意义上都是不可饶恕的，我们将为此付出沉重的代价。"

由于上述感受，他把研究的重点转向被他看做是维护民主和社会稳定的利器的非营利组织。这些组织的管理方式落后，正好为他的专长提供了成熟的领域。"（对非营利性组织的）影响更为直接，他们更需要我，他们的起点非常低。"在他生命的最后十年，他的大部分咨询工作是为女童子军、纽约天主教教区和纳瓦霍印第安人部落理事会这样的组织无偿提供的。1990 年，女童子军的前主任弗朗西斯·赫思本（Frances Hesselbein）率先在纽约创建了"德鲁克非营利管理基金会"。

年过九旬后，彼得的健康状况慢慢恶化，他于 2005 年 11 月 11 日去世，但是他的影响力会长存，他呼吁企业要同时履行社会责任和实现组织结构和功能上的高效率。彼得过去和现在都对我的思想、写作和咨询工作有着巨大的影响。冒着不谦虚的风险，我把他算做我与已故的迈克尔·哈默合著的《再造公司》一书以及该书提出的主张和做法的有力的支持者。我对他永怀无尽的感激。

　　下面是我从德鲁克那里学到的一些主要的东西：

　　➢ 用"我们"来领导。有效的领导者之所以有权威，是因为他们有来自组织和其中的成员的信任，他们明白组织的需要先于他们自己的需要。忘了这个道理的领导者最终必然失败，可悲的是，他们常常也拖垮了组织。因此，永远用"我们"思考，而不是"我"。

　　➢ 善待人才。吸引和留住人才是一个管理要点。有才干的知识员工有很多选择，应该把他们当做志愿者来对待和管理。他们非常有个性，可能对个人的成就比对组织的成功更感兴趣；他们期望不断学习和培训；他们希望得到尊重和权威，给他们所需的东西。

　　➢ 聚焦于机遇。将注意力放在机会上，而不是放在问题上。解决问题能防止损失，但利用机会才能产生结果。除非出现危机，在管理会议上应该首先探讨机会，而不是讨论问题。把变化看做是一个机会，而不是威胁。

➤ 封闭＝陈旧＝失败。成功的组织不是致力于使自己开心，而是想方设法使顾客开心。很多时候，企业会变得自我满足和封闭。领导者必须不断地使他们的组织以及他们自己接触到新鲜的、来自外部的想法。这可以采取德鲁克所说的"走到市场中去"的方法，即真正走出工作的场所，到客户那里去和他们交谈，或去考察一个竞争对手，或去考察一个哪怕是在另一个行业内成功的公司。

➤ 时间就是生命。彼得常说，成功的领导者各不相同，但都有一个共同的特点：他们把自己的时间管理得很好。他深信，时间管理是一门可以学会的学问。时间管理的第一步是进行严格的时间分析和规划。从头到尾地分析一个工作日的细节，标出浪费的时间并在随后加以改正，然后定期重复，将懈怠从你的日程安排中剔除。

➢ 剔除和塑造。放弃明显已经失败了的产品和流程比较容易，但要在昔日的成功转变成失败前主动将其放弃则是一种艺术。问问你自己彼得提出的关键问题："如果这家公司是今天才准备开张，有没有你不会进入的市场？或有没有你不愿意提供的产品？"除非答案是无条件否定，否则很可能你现有的某些产品应该被削减。来自利益相关者的压力可能会要求将这些产品继续做下去，毕竟在过去这些产品是成功的。不要理会这些恳求，剔除今天是为了塑造明天。

➢ 三步走战略。彼得给战略下了一个非常简单的定义：弄清楚你今天在哪里，你明天想去哪里，以及怎么去。我就通过这个定义来判断一个公司战略的质量：该战略是否实质性地评估了公司目前的业务状态？领导者是否清楚地了解他们将要进行的业务？他们是否想清楚了如何去做？彼得的简单定义应该是每一个公司在思考战略时的出发点。

➤ 当事情没做成时，战略就失败了。这是彼得的基本定义的必然结果。但是，他告诉我，失败并不一定意味着该战略一开始就是错误的，也有可能是一个潜在的假设条件发生了变化，但因为公司没有跟踪事态的发展和结果，忽略了变化，最终导致战略的失败。例如，通用汽车公司的战略假设是为每一个市场开发一款车型，随后客户就会冲着相应的车型蜂拥而来。当强硬和精明的日本竞争者进入市场后，这个假设就不再成立，但当通用汽车反应过来时，为时已晚。

➤ 在公司联盟中，协同效应常常难以实现。在考虑合并或收购企业时，你可以期望出现协同效应，但如果协同效应在现实中并未出现，你也不用感到惊讶。在我和我的合伙人将我们的咨询公司卖给计算机科学公司（Computer Science）之后不久，彼得就开始督促我买回来。他解释说，尽管计算机科学公司的管理层可能非常出色和明智（我自己过去和现在都一直非常佩服他们的管理层），他们知道如何营销外包服务，但并不知道如何营销战略咨询。他们销售的更像是一个产品，而我们提供的是服务。我这位聪明的朋友已经看到前面的麻烦，他是对的。最终，咨询业务从计算机科学公司消失了。当然，不是所有并购的结果都令人失望，但你最好能意识到合并后发生致命摩擦的可能性。

我最后一次见到彼得是在科罗拉多州埃斯蒂斯公园的避暑地，这是进入雄伟壮阔的落基山国家公园的门户。基督教女青年会将该地的一处房屋送给彼得终身使用，以感谢他对该组织的慷慨支持。他喜欢这个地方，尤其是当他

> "如果是 10 个人中能有 1 个去做你告诉他应该做的事情,你就算是幸运的了。"

　　的子女和孙辈们在那里与他和多丽丝一起享用时。某年夏季的一天,我接到他的电话,问我是否愿意飞过去,跟他待一两天,我毫不犹豫地答应了。

　　我们是在该地区唯一一家酒店见面的,该酒店使用的是监狱劳动力。打斗和争吵是这里娱乐的一部分,有时有趣,但是当发生在半夜时总是不受欢迎的。彼得和我花了两天时间坐在酒店门廊前的摇摆椅子上交谈。

　　有一次,他转过身来,问我认为有多少人会采用我的咨询建议。"50% 左右。"我说。他笑起来:"如果是 10 个人中能有 1 个去做你告诉他应该做的事情,你就算是幸运的了。"

　　直到今天,彼得·德鲁克对我和对每一个领导者与管理者来说仍然是一个非常宝贵的资源。他有许多招人喜欢的优点,包括贴近现实、清晰的思维、广博的知识和谨慎

的怀疑态度。他是世界上最好的管理建议提供者,尽管,
正如他对我所言,他总是假定很少有人会采用他的建议,
但我敢肯定,他大大低估了这个比例。

资料来源

[1] Peter Drucker, *The Ecological Vision: Reflections on the American Condition* (Edison, New Jersey: Transaction, 2000).

[2] Leigh Buchanan, "The Wisdom of Peter Drucker from A to Z," *Inc.*, November 19, 2009.

[3] Peter F. Drucker, *The Essential Drucker* (New York, New York: HarperCollins, 2001).

[4] "Remembering Drucker," *The Economist*, November 19, 2009.

2

再造管理的原则

流程再造：根据流程而非任务来组织
一个公司内部的工作。
新流程再造：根据流程而非任务来组织
多个公司之间的工作。

许多企业的领导者花费很多时间来推动或拉动下面的管理人员穿越技术变革的雷区，尤其是在面临 Web 2.0 和社会媒体引发的变革时。这是一项艰巨的任务，管理人员对这种变革既渴望又害怕，这个理念也反映了达·芬奇的想法。达·芬奇是举世闻名的文艺复兴时期的杰出艺术家，但他也是一个超级全才，其众多的发明涉及了从建筑到武器设计等不同的领域。他遗留下来的笔记本和手抄本里包括了预示着现代直升机、潜艇和装甲车的图纸。在一个笔记本里，达·芬奇分析了他对一个黑暗洞穴的矛盾心理。他写道，他害怕进去，但又非常想进去寻找可能存在的宝藏。恐惧和欲望这对孪生的情绪同时推动着管理者和企业适应当今严峻的经济现实。

在权衡恐惧和欲望作为变革动力的利弊时，我认为企业的领导者应该更多地依赖欲望。我们都看到过主要依赖恐惧作为变革动力的组织如何踌躇不前。如果企业要实现新流程再造的潜力，并迎接随之而来的挑战，企业的领导人就必须通过欲望来激发变革，当然也要辅以适量的恐惧，以确保应有的谨慎和清晰的思路。

为此，管理行为必须发生相应的改变。管理者们是否已准备好暴露自己公司的缺陷？他们是否愿意公开分享他们的思路和流程？如何跨组织共享控制、权力和权威？一个公司的基本信念和价值观能和其合作伙伴的基本信念和价值观相匹配吗？如果不匹配，管理者该怎么办？这些只是新的流程再造引出的诸多问题中的一部分。

尽管有这些严峻的挑战，但为了适应技术的变化，流程调整的速度正在加快。不久前还被讥讽为恐龙的全球性大公司正在顺利换挡。很多情况下，它们正将自己的投资重点从传统信息技术转到 Web 2.0 和 3.0 的解决方案，它正如通用电气前首席执行官杰克·韦尔奇所说，"一个技术变革，无论其如何重大，并不意味着放弃传统管理理念，而是意味着调整那些经营原则来适应世界的变化。"

们已意识到数字渠道在他们的业务中的重要性。

企业的经理们还有另一个重要优势：他们熟悉基本的经营原则，这些原则需要应用于新的情况。正如通用电气前首席执行官杰克·韦尔奇所说，"一个技术变革，无论其如何重大，并不意味着放弃传统管理理念，而是意味着调整那些经营原则来适应世界的变化。"然而，韦尔奇所说的调整将对现有的管理原则提出挑战，这里有七个必须改变的常规戒律。

旧规则：以你希望的样子来看这个世界。

新规则：以这个世界的真实状态来看这个世界。

一个巨大飞碟在白宫附近着陆，地面上大队的坦克和全副武装的士兵正严阵以待。一个人形生物从飞碟中走出，并解释它的使命：它告诉全世界，人类将氢弹置于那些充满愤怒和恐惧的国家领导人的掌控中，这威胁到了整个宇宙，包括外星人所在的星球。为了防止核战争爆发，地球人必须让善良的机器来管理，正如外星人所在的星球那样。如果人类不答应，外星人就只有消灭人类。外星访客演示了让地球上一切机械和电气设备停止运转的威力。地球上的领导人将如何应对？

这是1951年的一部科幻电影《地球停转之日》（2008年被翻拍）提出的问题。我的一位客户，一家大型制造企业的CEO，在给他的下属管理人员讲话时将此问题作为一个引子。他的公司已有超过80年的历史，在业内以创新者著称。公司里的科学家和工程师经常直接与客户一起合作来设计和开发产品。在许多方面他们都是新流程再造的大师。

但在这特殊的日子，我的客户，我叫他戴夫，不确定他的经理们能否现实地应对信息技术影响公司经营的方式。他向他的下属管理人员指出，在这部影片中，地球的领导人可以选择如何回应那个外星人。他们可以怀疑外星人的身份，他也许是地球上某个国家派出的间谍；他们可以拒绝相信他的威力；或者，如果他证明了他的威力，他们可以想办法向他妥协。结果是，在电影里，地球上的领导人根本不愿也不能接受新技术的现实。

戴夫想知道，他的公司的管理者是否也像电影里地球上的领导人，在面对我们今天所处的陌生现实时被误导并做出错误的应对，特别是在面对 Web 2.0 和 3.0 给商业带来的冲击性影响时。

戴夫告诉我："我敢肯定，我公司里的管理者要么不相信这些新技术能在现实中产生广泛的影响，要么虽然相信这种影响，但认为自己另有办法应对。"

戴夫不是唯一一个呼吁管理者要面对新技术并探讨新

技术对他们的公司可能产生的长远影响的人。霍尼韦尔公司备受尊敬的退休董事长兼首席执行官劳伦斯·A.博西迪非常中肯地道明了新流程再造要从哪里开始："有效的领导者能够直面残酷的现实。"

许多管理者对变化的前景感到担忧。因此，尽管事实上世界正在我们眼前发生变化，被网络技术所改变，但这些管理者并没有改变自己的想法或观点以适应现实的变化。他们要么否认变化的事实，要么否认其重要意义。事实上，他们与现实已经不同步，被现实抛在了后面。

直面残酷的现实既需要面对挑战，也需要能看到存在的机会。每个管理者必须针对他自己公司的业绩问一些难以回答的问题。客户的体验在什么地方容易发生不满？客户的忠诚是否仅仅是因为他们更换供应商的成本太高？公司流程的真正成本是多少？

今天，管理者在评估业绩时必须要敢说真话。新流程再造始于对公司现状的正确评估，同时，网络技术使公司的业绩比以往任何时候都更容易为人所知，诚实是唯一的政策。

但是如果你要理解你的公司在世界上的真实角色，你还必须同时看到积极的一面。你公司的真正优势是什么？你的客户真正期望的是什么，又从你那里实际得到了什么？你的流程中哪些真正是你独一无二的或专属的？一旦你信心十足地认识到自己真正独特的地方，尽管你可能会惊讶地发现这种地方的确不多，但你就会更愿意开放并与人共享那些不是独特的地方。

旧规则：信息就是力量，将好的想法留在公司内。

新规则：如果你永不停息地征询更好的想法，那就与客户和合作伙伴分享你的好想法。

当杰克·韦尔奇还是通用电气董事长兼首席执行官时，他把自己描绘成一个思想的主管。"我的工作就是倾听、收集、思考和传播思想，让好的想法为众人所知。"他曾经说过："我要让大家坐到这个桌子旁，并告诉他们：'享受这里的食物，试一试，尝尝它们的味道好不好。'他们这样做了。当自信的人们看到一个不错的主意，他们会喜欢它的。"

这种对新观念的灵活接受态度来得并不容易，通用也是历经曲折才学会这一点。在 20 世纪 70 年代和 80 年代初，韦尔奇意识到一个组织最终的和可持续的竞争优势来自其学习的能力，将学习到的知识传播到公司每一个部分的能力，以及针对新情况迅速采取行动的能力。

为了实现这一目标，通用电气公司打破了公司的内部边界，将公司的管理结构扁平化，打破各个部门的孤立状

　　韦尔奇总结道："一个公司如果不坚持寻找最好的想法，不愿意倾听来自各方的想法，就会发现自己被甩在时代后面，公司的生存也会受到威胁。"

态。分享好的想法和不断地寻求更好的想法成为通用电气公司的标准作业程序。各部门不再将想法禁锢在自己部门内部，对来自外部的想法也没有了敌意。这样做的结果是，韦尔奇说："一个对信息有无止境需求的公司。"

　　技术使管理人员更容易把握这一过程。韦尔奇曾经说过："信息对任何人都是随处可得。"从某种意义上说，这使得企业确立开放型文化更加迫切，同时也增加了失败的代价。韦尔奇总结道："一个公司如果不坚持寻找最好的想法，不愿意倾听来自各方的想法，就会发现自己被甩在时代后面，公司的生存也会受到威胁。"

　　新流程再造需要公司所做的不仅仅是在内部传播好的想法。在信息自由流动的今天，管理者还必须帮助他们的客户、供应商和合作伙伴建立一个共享的智库。客户、供应商和合作伙伴是不会愿意为这些想法掏钱的，他们只是希望别人得到它们。为此，管理者必须开放他们的流程和他们的想法。

作为新的想法和思路的提供者有诸多直接的好处。首先，管理者可以提高他们公司的竞争地位。富达投资及嘉信理财公司就是很好的例子，他们总是将新思路带入金融服务业，并欢迎任何人加以复制。这两家公司都赢得了本行业创新者的声誉，并能很好地实施创新。将你的想法和做法变成行业标准会带来重要的竞争优势，毕竟你是先于他人一步到达的。

成为别人的思想源泉的第二个优势是，客户和合作伙伴对帮助他们解决了最复杂问题的企业会给予回报。在很多情况下，公司和它的合作伙伴和客户之间的合作，尤其是当公司将它知道的某个问题的一切情况都教给他人时，可能是解决问题的最有效途径。

旧规则：技术是技术人员的事。

新规则：技术是每个人的事。

社会媒体和其他 Web 技术已经非常清楚地显示出技术对公司的业务至关重要。我的一个制造商客户最近以异乎寻常的方式描述了他的公司所需要的技术管理技能："尽管我不是盗窃保险柜的窃贼，但如果我用砂纸打磨我的指尖，我就能更敏锐地感觉到东西。"

实际上，大多数管理者对技术都没有那么敏感。他们在技术上进行大量的资本投资，但他们对所投资的技术的了解程度还不及他们对建造一个工厂所了解的一半。在当今世界，对技术的意识已成为一个人的核心能力，即使一个公司将技术、开发和经营外包，管理者也必须对信息技术在其行业运用的最新情况有一个透彻的了解。

我知道管理者们不会成为信息技术专家、知名的博客主人或者 Facebook（脸谱网）的名人，正如他们不大可能知道税法或反垄断政策的每一个细节。但他们明白这些规则对自己的战略和经营的影响，因此，他们也必须具备足够的知识来了解技术和社会媒体将如何影响他们的生意。

当然，在进行许多技术决策时，管理者仍然要依靠技术专家的帮助，正如他们需要律师和会计师的帮助一样。但是，如果他们对信息技术和社会媒体不熟悉和不适应，那么，他们就无法理解专家们的意见并考虑其影响。

对于企业来说，管理者需要确保他们的公司及其合作伙伴积累和维持必要的技术专长以进行有效的竞争。技术意识已成为一个核心竞争力，即使公司已将技术开发和运营外包，管理者也必须对信息技术在他们行业的运用有足够的了解。管理者还必须确保公司所有的合作伙伴熟悉相关技术，并拥有足够的技术基础设施以支持跨组织边界的流程再造。

旧规则：以事件的方式来管理变化，并诉诸理智。

新规则：以运动的方式来管理变化，并诉诸感情。

在我研究管理流程再造的初期，我就认识到对业务变化的管理不是一个事件，而是一个漫长的旅程。事实上，旅程这个比喻非常适合流程再造。我记得我的一个客户，密苏里州堪萨斯市的霍尔马克贺卡公司很好地运用了这个比喻来激励它的员工。

为了启动霍尔马克贺卡公司的流程再造工作，该公司的再造团队和许多将会受到流程再造影响的员工被邀请到堪萨斯城一个酒店的舞厅参加一个下午招待会。

该团队已经确定了在哪些领域进行流程变化，以改善霍尔马克的业绩。罗伯特·斯塔克，公司当时的首席执行官，在预定的时间发表了热情洋溢的讲话，阐述了再造的方向及其预期的效益。

霍尔马克富有创造性的员工已经建造了一个大规模的客运轮船模型放在舞厅的一角。斯塔克发表讲话后，走到模型船旁，在船头上打开了一瓶香槟。现场乐队开始演奏，船开始慢慢滑过舞厅。

此举的象征意义是明显的：该公司已开始了一个漫长的变化旅程。我的第一反应是这"太老套了"！但我的第二个想法是这"太棒了"！对于霍尔马克贺卡公司这样一家从事感情和社会表达业务的公司来说，还有什么其他更好的方式来诉诸其员工呢？

但是霍尔马克公司并没有止于此举。每个月，公司给员工发一件象征着旅途且可以放在办公桌上展示的东西，以一种欢快的方式来表达变化。在霍尔马克公司，变化的

旅途始终是以正面和积极的方式来表达的，这为员工提供
了更多的机会来为公司业务面临的挑战寻找解决方案。事
实上，公司的氛围里没有任何恐惧的成分。我记得一天早
晨在电梯里遇到公司的创始人霍尔家族的一个成员，他对
我说："在流程再造时你可以做任何你想要做的事，但不
要让我们的人感到不快。"这家公司了解感情在变化之旅
中的重要性。

　　同样意义上的旅途当然也适用于新流程再造，但我不
能保证新流程再造能取悦每一个人。把新流程再造比喻成
一个政治运动可能更好，在这个运动中，你必须诉诸两个
群体：知识分子和民粹主义者。请记住，新流程再造将涉
及许多组织中数千人的工作和业务方式的变化。你可能能
够说服你自己的公司以及潜在合作伙伴公司中的少数管理
者接受变化，让我们称这类人为知识分子。针对这类人的

办法是摆事实（我前面描述的残酷现实）、设定业务目标，并平衡与合作伙伴的利益。如果你成功了，你就能联合合作双方协商新流程的设计。当然，这仅仅是开始，经营业绩的改善要在流程变化后才会发生。

这里的挑战在于管理者要理解做实际工作的人对变革有何关注或甚至是偏见。例如，当涉及转向通过电子流程进行沟通的变革时，他们可能会争辩说，只有面对面地与客户接触才有效。或者，他们可能会觉得自己的工作是一门手艺，不容易自动化。所有这些都要求你对正在推进的变革开诚布公，同时还要明察人们普遍持有的观念。随着时间的推移，你可以改变人们的这些观念，但很可能是在人们体验过新的流程之后。如果你的新流程再造选对了目标，他们最终将同时看到变革的必要性和变革带来的好处。

旧规则：行使权力来进行控制。

新规则：通过放弃来获得控制。

传统的管理人员可能会被新的网络环境下的管理前景吓倒，在这种环境下，他们失去了对很多参与提供公司产品和服务的人的直接控制权。要激励自己的员工按照你的愿望做事往往是很难的，更不要说那些不是你的下属的另一个公司的员工。简单地依靠权力不是答案，这在今天新流程再造的情况下根本行不通。作为合作的第一步，管理者必须认识到这个世界并没在他们的掌控之下，无论他们拥有什么权力都只能通过放弃才能获得。

在新流程再造之前，人们已经开始讨论通过放弃控制来赢得控制的思想，这也是我的《再造管理》一书的主题。新流程再造使这一概念得到复活，并将其置于一个非常不同的管理风格的核心。

新流程再造将直接决策的过程下放到了组织的基层以及外部的其他组织。由于负责决策的人较以前更分散，因此，每一个参与再造的组织中的管理者和员工必须能够很容易获得他们需要的所有信息，而科技和社会媒体让这些数据即刻就能被传递给需要这些数据的人。

技术和互联网为权力分享提供了外部条件，这对新流程再造至关重要。互联网在促进全球化、放松管制和数字革命的同时，也大幅增加了公司所面临的竞争压力并加快了交易速度。领导者无法再控制决策。对他们来说，一方面鞭长莫及，另一方面也没有时间。

在当今复杂、严峻的商业环境中，领导者们必须培养和吸收一线员工长期被忽略的想法和经验，除此之外别无选择。领导力是指确定指导方针、目标和参数，然后让人们去行动的力量。因此领导人需要做的是挑战人们的观

> 管理者应该控制的是自己，而不是其他人。

念，赢取人们的心灵，然后让其他人去做出决定并充分发挥他们的潜力。

领导人还必须提防权力的微妙诱惑。哈佛大学领导力教育项目的主管罗恩·海菲兹在《快公司》杂志上说："如果你是老板，你周围的人都会坐下来等你说话。他们形成一个沉默的真空，让你感到迫切需要来填补这个真空。因此你需要有一个特别的原则来约束自己不要去填补真空。"换言之，管理者应该控制的是自己，而不是其他人。

新的再造还会以另一个方式影响管理人员及员工之间的关系：它使每个人都成为一个要求越来越高、知识渊博的消费者，而这种心态会带到工作中来。

毫无疑问，现有的大多数公司是达不到新流程再造所要求的团队水平和协作程度的。为了方便信息的自由流动，使所有员工能跟上变化的现实并有能力参与决策，领导者必须重新考虑他们对待员工的态度和行为。

首先，领导者应该认识到，没有人能够充分掌握公司每一个方面的情况并正确地做出公司所有的决定。领导者的工作是设置主要的目标，然后为具体执行该目标的每一个人提供充足的信息。

不过，说实话，保持适度的管理控制需要把握好平衡。管理者并不总是能够只需要设定目标、提供信息、然后就坐享其成。在有些时候，他们将不得不利用他们在组织中的职位或他们的特殊专长所赋予的权威，间接或直接地对实施过程施加影响。由于互联网加快了大多数管理和运作的过程，商业活动中不能总是等着一个组织慢慢地下决心。有时，告诉人们该做什么仍然是领导者最适当的做法。

例如，很多时候一个成功、精明和有礼貌的组织会迟迟不能做出最后的决定，因为该组织的管理者喜欢辩论问题且乐在其中，已忘记了做出决定的实际需要。他们可能因为该公司过去的成功而得到一种虚幻的安全感。在这种情况下，领导者可能就需要果断地做出单方面决定。不过，此类情况应该是例外，而不是规则。

谨慎但又有效地运用权威需要领导者知道自己的权威的影响范围，会选择时机，以及知道应该施加的影响的力度。这种控制方式的一个重要原则是：管理者必须言行一致，按照自己所说的去做。做不到这一点，领导者就不能在一个透明的世界里发挥所需要的影响。

旧规则：如果还能用，就不用管它。

新规则：不断变革。

在今天的经济环境下，变化几乎是持续不断的。达尔文关于生物界竞争和进化的理论同样也适用于商业世界。毫无疑问，一个公司面对变化的环境所表现出来的快速和熟练的反应能力将决定其长期的成功或失败。因此，管理者必须要能预见变化，有时甚至是激烈的变化，并且要能全身心地拥抱变化。

然而，大多数企业还没有培养出一种对变化的欢迎态度。如果一切进展顺利，管理者会满足于维持现状，这种心态下是无法实施再造的。

在新流程再造中，要重新设计跨组织的流程，要实现这一目标，你的愿望和你的能力是一样重要的。管理者如果渴望取得更好的经营业绩，不断寻找新的价值倡议来吸引顾客，并致力于构建有助于实现企业目标的关系网络，那么他就属于非常适合这项任务的管理者。同时，这些管理者也很执着、乐观，并对即将到来的变化抱有好奇心。

但变化确实意味着管理者以及他们周围的员工的工作将有所不同。技术的变化比其他类型的新事物对员工的威胁更大。当突然面临着需要学习一整套新的技能时，员工会望而生畏。当公司向前推进新流程再造时，员工的焦虑和反对可能随之升级。如果公司在一个较早的改革方案失败之后随之又进行上述变革，可以理解，人们可能会对新的变革感到厌倦和冷嘲热讽。

一个好的领导者在这种情况下应当坚定不移地表明变革的必要性，并为员工提供足够的鼓励。最终，当变化得以切实执行后，员工就会对变化抱欢迎的态度。

旧规则：经理人的信仰和价值观只和他或她自己有关。

新规则：经理人的信仰和价值观和每个人都有关。

直到最近，如果你想和公司的 CEO 们讨论他们的企业文化，他们可能会给你 5 分钟时间，然后有礼貌地把你介绍给负责人力资源的副总裁。毕竟，CEO 们处理的是战略、组织结构和运作等硬的问题，人力资源部的人才是与员工、行为和文化等软的东西打交道的。但如果管理人员认识到他们公司的变革取决于员工的技能和行为时，特别是在一个博客和维基影响力日增的时代，他们的看法就会发生改变。事实上，公司的文化才是最值得 CEO 们关注的东西。

随着企业的变革日益成为惯例而不是例外，管理者开始寻找所谓的过渡支撑点，即公司不会改变的那一面，他们可以以此为基点，将"老"的企业带入"新"的企业。

显然，一个组织赖以存在的那些原则和信念是会保持不变并传承下来的。嘉信理财的 CEO 曾经指出："在今天经济的这种变化速度下，你必须要牢牢地坚守你的基本价

> 新流程再造要求将公司的信念和价值观进一步外部化。

值观。我们不断告诉我们的员工，'这些是会变化的东西，随时总有一些变化，而这些是不变的东西：我们是谁和我们的主张'。"

新流程再造要求将公司的信念和价值观进一步外部化。当然，我们并不认为处于同一个商业网络中的公司应该标准化他们的文化信仰和价值观，这样的举动会阻碍创新和导致一个单调和缺乏活力的商业世界。但是，在相互关联的企业之间，道德和行为标准必须如同跨企业的流程一样能够和谐地运作。

简单地说，管理者必须确保他们公司的信念和价值观能与他们的合作伙伴的信念和价值观很好地协调运作。为了实现这一目标，这里有几个问题可以用于询问潜在的再造合作伙伴，他们的回答能帮助你评估你们之间的文化是否兼容。

➢ 你的经营宗旨是什么？

➢ 你们是如何对员工进行评价的？

➢ 如何对待创新和技术？

➢ 你是否真正重视质量和诚信？

➢ 你如何处理违背诚信的情况？

➢ 是否重视和奖励知识和智慧？

➢ 你把变化视为负担还是利益？

➢ 是否看重经营和业绩的质量？

对这些问题的回答将帮助你掌握一个公司及其伙伴的基本信念和态度，这正是他们将会表现出来的行为。面对现实——新的再造的先决条件之一——要求尽你所能去了解你正在考虑选择的合作伙伴及其管理者，你必须知道他们真正的想法。

激励的重要性

最近与一群经理聊天时，有人对我说："五年前，我们成功地再造了公司，公司的运营得到极大的改善，使我们能够在竞争中生存下来。"但他有点激动地补充说，"我永远不会再这么做了，这实在是太难了。"

我的第一反应是理解和同情，我知道他的意思。当你认真去做时，流程再造是一项苛刻和艰难的智力工程。流程再造使员工的工作发生变化，有些人会变得无法适应。流程再造时会面临许多艰难的决定。该经理其实做得不错，他只是不想再来一次了。

我的第二个反应是，他的公司和其他类似的公司没有其他选择，只能采取下一个步骤，再次进行流程再造。正如 20 世纪 90 年代初的竞争环境要求公司从根本上重新考虑其运作方式，这十年来的竞争环境和越来越苛刻的客户迫使企业进一步消除低效率，寻找新的方式参与竞争，并形成新的商业关系。然而这一次，信息技术在推动和实现变革中扮演着更重要的作用。运气好的话，有了第一次的再造，第二次会更容易一点。

我的第三个反应是怀疑是否存在一种比较温和的再造方式。如果有，它就应该和激励有关。事实是，在目前令人难以置信的严峻的经济环境中，很多人都感到非常疲倦。在过去大约十年中，大多数公司已经被彻底改造、重组、再造和六西格玛化；企业的规模要么精简、要么扩大、要么合理化；他们曾全身心地寻找他们的使命、愿景和目的；他们制定了战略规划并做出了艰难的选择。人们在公司的办公室里、海滨的度假村中、山里的别墅里和林中漫步时讨论各种方案。在许多组织中，多种举措在同步实施，种种的变革已经让人们感到困惑。

信息技术的阴暗面也正在显示出来。智能手机不断侵入本属于私人的时间；技术似乎正在加速所有的工作流程；重要的事情让位于紧迫的事情；工作和家庭之间似乎没有了界限。有些管理者说他们要喘不过气来了。

答案不是简单地将变化列为又一个项目来处理：变化毕竟不是一个"项目"，它是一个持续的过程。但对许多公司来说，面对变化将需要一种新方法。你已经知道我的方法被称为新流程再造，你可以随便将你的方法叫做什么，只要确保它有足够的鼓舞和灵感。

不幸的是，我们正处在一次经济大衰退之中。当然，没有任何东西能让技术驱动的变革过程放缓。但是，一如既往，挑战包含着机会。

> 我们的目标必须是为客户创造新的价值，并创造一个新的工作场所——一个在客户和合作伙伴之间没有围墙的公司，在此之前，这是不可能的。

我们的目标必须是为客户创造新的价值，并创造一个新的工作场所——一个在客户和合作伙伴之间没有围墙的公司，在此之前，这是不可能的。在我所描述的公司里，人们都能够获得他们所需要的信息，业绩能得到奖励，同时业务保持兴旺。而这一切最终有助于消除经历了近期的经济危机后人们可能感到的疲倦和困惑。

资料来源

[1] Christine Canabou and Alison Overholt, "Smart Steps," *Fast Company*, December 19, 2007.

[2] Marianne Kolbasuk McGee, "Chiefs of the Year: Internet Call to Arms, Gary Reiner, Jack Welch, General Electric," *Informationweek. com*, November 27, 2000.

[3] William Taylor, "The Leader of the Future," *Fast

Company, December 19, 2007.

[4] Jack Welch and Suzy Welch, *Winning*, New York, New York: Harper Business, 2005.

3

价值流程和价值倡议

流程再造：根据流程而非任务来组织
　　　一个公司内部的工作。
新流程再造：根据流程而非任务来组织
　　　多个公司之间的工作。

在 20 世纪初，通用电气位于纽约州斯克内克塔迪的工厂制造的一个大型发电机出现了问题。由于没有人知道该如何修理，所以通用请来了当时的电气工程天才查尔斯·普罗特斯·斯坦梅茨，他花了好几天时间查看机器和所有的图纸。最后，他拿起一根粉笔，在发电机的机身上画了一个大大的"X"，然后，他告诉工程师们在此处开一个口，取出里面的电线束进行修理。终于，发电机又恢复了运转。

随后，工程师们要他为其提供的服务开一个价，斯坦梅茨想了几分钟，然后宣布了他的费用：1 000 美元，这在当时是一个很大的数目。通用精于计算的工程师们目瞪口呆，他们要求列出详细的费用来说明为什么要这么贵。斯坦梅茨后来邮寄给他们一张纸，上面写道：

用粉笔在发电机旁标记"X"：$ 1.00。

用粉笔在发电机旁标记"X"：＄1.00。

知道在哪个地方标记"X"：＄999.00。

知道在哪个地方标记"X"：＄999.00。

今天，流程再造的设计者和斯坦梅茨一样，他们所需的技能是知道在何处标记"X"——在哪里跨越企业的边界，在哪里重新设计流程，在哪里实现什么样的好处以及与谁一起实现这种好处。"X"标志着直觉加技术，解决方案就是这样产生的。

新流程再造是21世纪势在必行的一个关键的业务变革，就像是最初的流程再造对于20世纪一样。简单地说，新流程再造是通过重新设计跨组织的流程，实现业绩的突破并为客户提供更多的价值。但要做到这些并不容易。

新流程再造要求你重新思考你的整个业务和所有的业务关系，不只是与客户的关系，还包括与供应商、合作伙伴、员工，甚至是竞争对手的关系。新流程再造涉及的范围广泛，既包括战略，也包括运营。它不能简单地由企业

的高层委派给经理，然后由经理委派给员工，它要求包括
CEO 在内的所有各方对细节的关注。它将挑战所有参与
者的智力，并且其进程是无法完全事先规划，事前预见
的。总之，执行新流程再造需要非凡的管理技能和纪律。

新流程再造需要特别注意两个方面：

首先，一个公司的流程，特别是必要的业务往来中所
有涉及外部关系的流程，包括客户、供应商、经销商、合
作伙伴和股东。

其次，它提供给客户的商业倡议。

我所谓的这两个"P"—— process（流程）和
proposition（倡议）——包括了新流程再造的设计者需要
变革的一些目前公司常见的做法。一个流程不再被看做仅
仅是公司内部事务，而必须被视为一个多组织的整体流程
的一部分，因此我们需要一种新的合作信条，因为要协调

这种跨越组织边界的流程再造需要公司之间前所未有的开放。

现在，让我们依次考虑每一个因素。

价值流程

在 20 世纪 80 年代后期，全球化和日益强势的客户让企业的业务流程面临着巨大的压力。正是重新设计这些流程的需要激发了我与已故的迈克尔·哈默合著了《再造公司》一书。当时，我把流程与员工、结构和战略一样看做是一个公司的核心要素之一。我现在则是从一个更大的视角看待一个公司——不是仅仅作为商品和服务的提供商，而是作为流程的组合。这些流程彼此相互作用，并且与其他组织的流程相互作用。

我知道这样看待一个公司不仅和我自己以前的看法有所差异，同时也不同于人们对商业组织的根本性质的一般理解。当然，员工、结构和战略仍然很重要，但它们的重要性在于其在流程的全面互补中所扮演的角色，从长远来看，这一点确定了一个公司的价值。流程的参与者当然包括你的公司，但也包括你的客户、供应商、经销商、合作伙伴和竞争对手。我们在商业活动中都需要与他人合作，没有人能够自己把一切都做了。

新流程再造提供了一个全新境界的流程。传统上，企业的流程被看做是企业的专利，并通过对外保密建立起一种优势，例如可口可乐的糖浆配方或苹果公司一直处于保密状态的设计。传统的观点认为，如果你告诉世界你在做什么，你的竞争对手就可以模仿你。

新流程再造颠覆了流程保密的原则。新的规则是：除

新的规则是：除了显然是自己专有的流程外，将你所有的流程都对外开放。

了显然是自己专有的流程外，将你所有的流程都对外开放。这种开放有非常充分的依据。在新流程再造的世界里，你需要将你的流程与你的客户和供应商，有时甚至是与你的竞争对手的流程相整合。你需要知道他们是怎么做的，反之亦然。

在过去，企业的成功是指单个公司的经营成功。现在，它描述了一个由若干公司组成的集合的经营成功，该集合中的公司彼此之间不断互动。Web 2.0 和 3.0 的到来，社会网络以及社区的强大力量使新的跨组织间的流程成为可能，并且得到进一步的激发。流程不再被看做是离散和独立的过程，而是被看做一个统一体的一部分，和其他流程之间相互依存和响应。

从这个意义上说，新流程再造的原则和生态的原则相呼应。正如自然界的整个系统由相互依存的元素构成，一家公司流程的流畅运作有赖于其他公司流程的流畅运作。事实上，在许多关键流程上，如分销、采购和新产品开发，这种共生已经发展到了接近联合的程度。

　　为了使这一概念更容易理解，你想一下，是不是只有那些从你这里采购的公司和那些将产品销售给你的公司的流程流畅运作，你的业务才能得到蓬勃发展。因此，要使你的公司以最佳效率运行并保持其竞争优势，内部者和外部者的流程也必须是高效率的，并且要和你的公司的流程相契合。运用技术和社会媒体来改善跨组织的业绩是新流程再造的关键因素。

　　公司与他们的客户、供应商和合作伙伴之间普遍存在着严重的低效率。只有当企业同意共享流程后，许多低效率才会消失，这是一种远远超出了传统流程再造的挑战。

　　我们面临的挑战可能会吓倒一些领导者，但这并非是不可克服的。同一行业内的公司一般都运行着许多相同的流程，这些流程中的大部分彼此没有区别或没有竞争优势。此外，在创建基于流程的企业来避免重复建设基础设施上也存在大量的机会。若干年前，银行便抓住了这个机会，建立了为金融交易提供清算服务的票据交换所。但即便是在金融服务业，还有更多的后台操作流程可被共享。例如，在证券经纪业务中，股票的交易是股票的交易，在保险业中，索赔是索赔，在住房抵押贷款业务中，贷款申请是贷款申请。为什么每个经纪公司、保险公司和抵押贷款提供商必须设计和建立自己的流程？如果公司间能够彼此合作并且共享那些基本上是重复的流程，大家可以节约数十亿美元。

如果你更仔细地观察各种流程，你会看到许多不同的类型。对于你来说，重要的是要了解这些流程如何影响你的公司业绩，以及它们如何与你的供应商和客户的流程相关联。有些流程是运营性质的，针对的是实际产品的流动，如订单处理。还有一些流程是直接针对客户，如客户获取和客户服务。此外还有那些用于运行公司的流程，其中大部分属于财务和人力资源管理方面的流程。缺乏其中的任何一个流程，你都可能无法管理一家企业，但有些流程对你的公司会比对其他公司更重要。

为了帮助你确定你的公司的各种流程的相对重要性，你可以将流程分为三组基本的类型：

自己执行的流程。这些流程可能是你公司所独有的，并且对你的竞争优势至关重要。这些流程是如此重要，以至于你需要自己来控制它们，而不是让别人来做。

你与他人共同执行的流程。这些流程涉及你的公司与你的供应商、合作伙伴和客户之间的信息、商品或货币的流动。这些流程可能对你的公司很重要，但是你不能将它们看做是你专有的。

别人为你执行的流程。这些流程对于你的企业运营可以是，也可以不是核心的，但它们不是你的核心竞争优势。另一家公司可以执行得更好并且成本可能比你更低，因为这些流程是其主要业务。所以，你可以选择将这些流程外包给这个公司。

新流程再造要求对所有的这三类流程进行再审视。对那些你需要自己执行的流程，你必须自问：这个流程真是我的公司专有的吗？如果将它开放给供应商或客户，是否能使其得到更有效的执行？能和别人分享这个流程吗？对于那些你与他人一起执行的流程，要问的问题是：我应该在何种程度上协调这些流程与客户、供应商或合作伙伴之间的关系？这些流程是否已和所有相关各方的技术基础设

施进行了完全的整合？对于那些别人为你执行的流程，你
要问：该流程的提供商是否有能力和我、我的其他供应商
和客户一起再造该流程？

　　这些问题，与文中的其他问题一起，都是至关重要
的，这些问题的答案将有助于你制定新流程再造的战略。
这里的关键是要从上到下清理和再评价你目前所有的流
程。最后，你可能并不会选择重新设计所有的流程，但重
要的是要知道这些流程作为抓住机遇的关键表现如何。

价值倡议

　　让我们来看看新流程再造的第二个 P，此刻你得确定
你将要为客户提供的商业倡议，以及你实现经营业绩突破
的基础。不论你的商业倡议是什么，最终它的成败取决于

> 不论你的商业倡议是什么，最终它的成败取决于它是否能够为你的客户创造新的价值。

它是否能够为你的客户创造新的价值。

在我的研究和咨询工作中，我识别出了七个普遍的价值倡议：定制、创新、价格、质量、服务、速度和品种。这些倡议往往决定了你的客户如何看待你，这些倡议也界定了你参与竞争的基础。一起协作的公司能够达到单独运营时无法达到的目标，并能够为客户提供额外的价值。

➢ 定制。随着 Web 2.0 和 3.0 的技术与新流程再造融合，定制的机会日益增加，这使公司有机会实现一个长期追求的目标：为每一位客户量身定制独一无二的产品。潘多拉（Pandora. com）就是以这样一个倡议占据了目标市场的，它为听众提供了一个相当于自己个人电台的东西，从而取得了突破性的经营业绩。

潘多拉于 2004 年推出，该网站依靠其创始人之一蒂姆·韦斯特格林的"音乐基因组计划"开发出来的软件，

用准科学的方法来映射我们可以称之为一首歌曲的 DNA
的东西，如旋律、和声、节奏、乐器和特点。韦斯特格林
童年时代就是小音乐家，当他在斯坦福大学计算机科学系
读书时，他结合自己的兴趣设计了一个编码系统和协同过
滤程序，该系统能自动推荐符合听众个人偏好的音乐。
Pandora. com 的访客只需要输入自己喜欢的歌手、歌曲或
作曲者的名称，就能欣赏到网站为其提供的一个具有相似
音乐特征的播放列表。

　　这家位于加州奥克兰的音乐服务商获得了近 3 000 万
音乐爱好者的喜爱。它目前拥有 80 000 名艺术家的近
750 000 首歌曲，而且这个名单还在继续扩大。潘多拉在
24—49 岁这个年龄段拥有的听众人数已经令纽约和芝加
哥一些更大的传统广播电台黯然失色。

　　每天有 5 万新的听众登录该网站。韦斯特格林说，一

些人选择由广告支持的免费版本，其他人则从网站提供的两个付费计划中选择一个。他预计潘多拉的收入在 2009 年能翻一番，达到 4 000 万美元，并且在 2010 年实现盈利。

➤ 创新。如果你选择创新为你的商业倡议，它会给你带来向客户提供价值的巨大潜力。自行车迷迈克·辛雅德在他的公司建立了一种创新文化，由此创造出了多个行业第一。

辛雅德花了坎坷的 30 年和高端自行车市场的大企业竞争，以注重细节和性能来提升信誉。但他也一直在留心寻找创新的想法，且从不在质量上打折扣。听到他的零部件客户抱怨自己生产的自行车轮胎有问题并失去了意大利客户的订货后，辛雅德开始研究橡胶化合物，并最终生产出他自己的专业轮胎。口碑，这种最基本的社会媒体，使这种轮胎获得巨大的成功。随后，创新的自行车车型，如世界上第一款越野自行车 Stumpjumper，以及一长串广受关注的自行车零部件便源源不断地推出。

但是，辛雅德的专业自行车零配件公司（Specialized Bicycle Components）在 20 世纪 90 年代初遇到了一次大的挫折。当时辛雅德认为他自己缺乏真正的营销经验，于是就聘请了三个消费品经理帮自己打理，而后者几乎将他的企业拖入破产的境地，公司的产品被市场归入劣质自行车零部件，千辛万苦建立起来的创新声誉毁于一旦。他拥有的自行车店面数蒸发了 30%，企业濒临破产。辛雅德亲自写信给经销商就自己的失误表示歉意。

今天，专业自行车零配件公司已经是一家价值 5 亿美元，为全美 1 200 家高端自行车商店供货的公司。点击该公司的网站，你会发现 Twitter，Facebook 和 YouTube 的链

> 他们利用技术来促进和供应商之间的互动，不断精简他们的供应链以持续降低经营和库存成本。

接，数千名自行车爱好者通过它们来分享自己的冒险经历，以及他们对该公司产品的喜爱。

➤ 价格。无数的零售商巨头在价格上进行竞争：Lowe's，Target 和其中最有名的沃尔玛（Wal－Mart）。他们利用技术来促进和供应商之间的互动，不断精简他们的供应链以持续降低经营和库存成本。他们将技术与重新设计后的采购和配送流程相结合，使得效率显著提高，实现了低成本的业务倡议。

除了基于成本和效率的倡议，公司还可以重新设计流程来提供其他的基本倡议，如定制、服务和品种。一个公司，只要它掌握了我提出的七个常见的商业倡议之一，或者是某个我们还没有想到的倡议，就能够从众多平庸的公司中脱颖而出。

➤ 质量。质量作为一个商业倡议应该是毋庸置疑的。

有多少客户会准备将自己辛苦挣来的钱花在伪劣产品上？先有质量，然后才有奢侈品。在远离曼哈顿、洛杉矶和其他高端家居用品汇集的地方，有一个手艺精湛的著名家具设计师和制造商，他的名字是查克·科莫，他的公司叫Dessin Fournir，位于堪萨斯州的普莱恩维尔，该镇在从纳托到潘拉多斯的路上，方圆数百英里内没什么其他城镇，人口刚刚超过 1 800 人。

科莫为什么要把公司设在这么一个小地方？除了普莱恩维尔是他的故乡，是一个抚养子女的好地方外，另一个重要的原因就是那里的人，特别是其中 90 位非常有才华和手艺精湛的工匠，他们制作的精致的餐厅桌椅、灯具、沙发和其他家具装点了全世界富翁和名人的家。此外，普莱恩维尔的工资水平也不像当初科莫和合作伙伴莱恩·拉森将公司总部设在洛杉矶时那么高。同时，他们的堪萨斯

商业智慧丛书

员工也不会因为突发奇想而辞职，毕竟平原地区的工作机会是很少的。因此，科莫能以很低的开销做到八位数的业绩。

➢ 服务。作为一个商业倡议，服务是指你对客户有非常好的了解，因此能比别人更好地解决他们的问题和满足他们的要求。费城保险公司（The Philadelphia Insurance Companies）就是基于这个倡议白手起家的。

从其创办日起，在近半个世纪的时间内，费城保险公司一直专注于为客户提供不同寻常的服务。其创始人老詹姆斯·马奎尔专门关注保险市场营销中被忽略了的对象，向他们提供高度专业化的服务。马奎尔第一个专门的服务对象群体是听觉受损的客户。他认为没有理由让听觉受损的客户承受不同的投保标准和费用，他说服了他当时的老板大都会人寿保险（Met Life）为听觉受损的客户制定了

> "速度就是生命"

标准的定价政策。但是，出台一个政策并不等于解决了所有问题。马奎尔还全力帮助客户应付那些经常让人困惑的法律和程序问题。他随后又率先进入汽车租赁保险和汽车租赁公司的保险，这款产品使他的公司发展成为全国性的公司。

费城保险继续寻求没有被充分关注的细分市场，为其提供任何竞争对手都无法企及的产品和服务。无论对象是救助贫民的流动厨房还是运动俱乐部，费城保险的成功来自其高度个性化的客户分析过程——对客户进行深入调查，全面了解他们的愿望和需求，然后设计独特的产品来满足或超过客户的预期，并伴之以出色的服务。

> 速度。"速度就是生命"，莱克斯（Lycos）的创始人和风险投资家罗伯特·戴维斯喜欢这样说。反之，拖沓的服务方式可以是致命的，特别是在危机时刻。当你对下

一步该怎么做感到烦恼不已时，顾客是没有耐心等待的。嘉信理财以前就经历过经济严冬，因此，当2008年9月次贷危机冲击到整个金融界并几乎带来灾难性的后果时，嘉信理财没有浪费时间。

继大获成功的"告诉嘉信"的营销活动后，嘉信很快又在网上号召："不要只是坐在那里，你应该做点什么，和嘉信谈谈吧。"紧张的嘉信客户确实成群结队地这样做了，他们蜂拥而至，向嘉信理财的在线客户代表了解最新的市场行情，获取嘉信提供的市场分析和建议以稳定自己的情绪。他们还向嘉信理财的在线客户代表提出各种投资选择和市场策略的问题，他们甚至质疑嘉信自身的财务稳定性。

嘉信已经将速度上升到了提供实时的客户服务这一层次。访问他们的网站Schwab.com，你会发现一个新闻和各类专题指南的列表，一个标有"在这里寻找您需要的帮助"的栏目 24 小时不间断地提供嘉信理财顾问的在线服务，以及网站上处处可见的鼓动客户"打电话给我们"，"发送电子邮件给我们"，或"咨询我们的投资专家"的邀请。没有技术支持，嘉信永远不可能进行这样的服务营销。

> *品种*。最后，我们来考虑一下品种这个倡议。互联网就像一个没有边界的集市，挤满了各种商家，里面几乎可以找到任何你可以想象的产品和任何你可以想象的价格。人们无需离开他们的计算机就可以几乎买到他们需要的任何东西。但是，这就是购买者真正想要的吗？不全是。的确，人们希望五花八门的品种，这也是网上购物的优势。但他们不需要眼花缭乱到令人无从下手，这也是在线购物的弱点。总之，他们喜爱选择，但他们需要一个高

效的流程来选择。

品种是一个很好的商业倡议，但前提条件是有一个流程来协助顾客缩小他们的选择范围或帮助他们选择适合自己口味的东西。好市多（Costco）公司的做法是将每种产品限制在两个或三个高品质低价格的选择范围内，其中许多最终都给好市多的成员带来了惊喜。这是一个抓住买卖双方的战略：顾客喜欢以出乎意外的便宜价格买到高端商品，比如沃特福德水晶和纳图兹皮沙发。如果这个范围缩小了，那么厂商的高价商品也更可能在折扣店售出。

相对于超市平均约 40 000 个存货单位（stockkeeping units）的存货量，好市多的 4 500 个存货单位的存货量显得微不足道。但是考虑到有 2 900 万个家庭愿意支付 50 到 100 美元的年费成为其会员，获得入内购物的资格，这家批发商的品种管理的确做得很好，创造了不可估量的价值。

一旦你确定了一个来定义你的竞争力的倡议，你就应该回到流程那里去了——问问你自己，为了实现你对客户的承诺，你的流程中是否有需要重新设计和完善的地方。你会看到这些流程不仅仅属于你的公司，你需要与供应商、分销商、客户和竞争对手形成合作关系，再造你的流程以消除冗余和提高质量，虽然这些并不容易做到。除了这里提到的挑战，其他任何地方也可能遇到问题。但是，如果你能同时将关注集中于流程和倡议上，你的企业将实现突破性的业绩。

资料来源

［1］ Alec Foege "Redefined Radio：Pandora. com," CNNMoney. com，June 26，2009.

[2] Hope Hamashige, "High Style on a Plain Prairie," *FSB*: *Fortune Small Business*, October 2009.

[3] Albert Holzinger, "A Cyclist Who's Riding High—Specialized Bicycle Components Founder Mike Sinyard," *Nation's Business*, August 1992.

[4] Ellen McGirt and Chuck Salter, "Through the Fire," *Fast Company*, June 2009.

[5] Jena McGregor, "Costco's Artful Discounts," *BusinessWeek*, October 9, 2008.

[6] "King of the Mountain (Bike)," *FSB*: *Fortune Small Business*, June 2008.

[7] Pandora. com

[8] Schwab. com

[9] Specialized. com

4

客户的拉动，
流程的推动

流程再造：根据流程而非任务来组织
    一个公司内部的工作。
新流程再造：根据流程而非任务来组织
    多个公司的工作。

在观察和参与世界各地新的再造工程的过程中，我在不同的流程中如订单管理和新产品开发，看到了惊人的类似变化。并且这样的类似变化出现在各种行业中，从肥皂制造商和隔夜快递公司到零售商。换句话说，再造的过程中有很多共同之处，具体来说，它们都具有两个重要特征：

> 它们是由客户拉动的。

> 它们推动着流程跨越组织边界。

在这里，我会探讨和解释这些基本特征，但我们首先需要了解一点历史背景。

企业应以客户为导向的理念早已被广泛接受，但在现实中，企业的实际做法并不总是这样。早在工业革命时代，企业在开发新产品时就很少认真考虑过客户。供应商和制造商的经理们决定了何时生产、生产的成本，以及产品将提供的功能。他们在事前很少征求最接近顾客的员工——营销人员和销售人员——的意见。

用平白的话说，就是制造商将产品推向客户。但是，这种推销产品的方式有一些严重的缺点。首先，它往往会造成大量库存，带来高昂的成本。其次，制造商推销产品的方式还会引起顾客的各种不满。

在 20 世纪 60 年代，情况逐渐发生变化。制造商开始从客户需求的角度思考问题，比如当他们在进行产品开发和设计时，他们会问自己对客户的偏好有何了解。在流程再造运动的早期，我也是倡导管理者应该更多地以客户为中心的人士之一。我鼓励管理者应该尽一切所能，以客户的眼光来看待他们的公司。

在过去的十年中，"顾客至上"的口号实际上已经应验。制造商推动已经转变为客户推动：产品之所以被生产互联网不仅凸显了客户的拉动力，而且将其力量倍增。

出来是因为客户需要它们，而不是反过来。

为了解释这一变化，UPS 前董事长兼 CEO 詹姆斯·凯利将当今的全球经济比作一个巨大的传送带。"这是一个不断移动的传送带，"他说，"它将同一个业务中上下游的业务合作伙伴连接起来。而且，"他解释说，"这个传送带的移动和方向由终端客户控制。"

互联网不仅凸显了客户的拉动力，而且将其力量倍增。现在，企业的消费者和客户可以比较他们想要的商品的功能、价格以及销售它们的供货商。

凯利说，当 UPS 第一次了解到现在是客户说了算时，就好像在高速公路上开车时突然看到车流对着你来。"与其撞车，不如我们决定调头。"他说。这意味着供应商必须依靠信息和信息技术。他们彼此之间通过电子手段紧密地连接起来，使用共享的信息系统以协调生产流程的循环。

换句话说，他们必须回应客户的拉动并发展出跨组织的流程推动。

EMC 的客户拉动和流程推动

现在，让我们来看看新流程再造的这两个共同方面是如何在世界领先的信息基础设施和服务提供商 EMC 中体现出来的。该公司的总部在马萨诸塞州霍普金顿，就在我的家乡波士顿旁边。EMC 公司占有全球 26% 的网络存储市场，是其最接近的竞争对手的近两倍。

该公司的创始人，理查德·伊根和罗杰·马里诺是在波士顿东北大学读书时的室友。他们一直不懈地关注大多数信息技术行业的公司都忽略的一个事实：客户真正想要的是快速、可靠地获取信息，技术仅仅是达到此目的的途径而已。有了这种洞察，他们随时关注任何能够给他们在内存方面带来优势的技术进展和市场变化，他们两人每两年就再造一次他们的公司及其流程。因此，他们成功地走在了惠普和IBM这样强大的竞争对手前面。

早在20世纪80年代，初出茅庐的EMC公司就看到了公司的第一个重大机会。当时主要的电脑制造商们陶醉于他们自己的技术实力，急于进入引人注目的速度越来越快和越来越强大的数字运算，但他们忽略了信息存储和检索，将其看做是一个可有可无的副业。他们也知道除非这些1和0被保存在某处，否则所有的计算都是无用的，但计算机存储在那些日子里是不太令人关注的领域，客户都忙着购买新的系统，没把存储的问题当回事。

伊根和马里诺看到了切入市场的机会，那就是将多数

人视为专有技术的东西商品化。例如，当时领先的计算机
制造商 Prime Computer 以每兆字节 36 000 美元的天价销售
附加内存。使用 Prime Computer 电脑的学者和研究人员买
不起这么贵的内存，当其中一人向伊根抱怨这种情况时，
EMC 觉察到了机会。这是 EMC 第一次回应客户拉动，但
绝对不是最后一次。伊根和马里诺辛勤工作了 5 个月，开
发出他们自己的与 Prime Computer 系统兼容的记忆存
储器。

他们开发出的存储单元的存储能力是 Prime Computer
系统的 4 倍，但成本仅是其一半。在打赢来自 Prime
Computer 的诉讼后，EMC 的业务步入正轨。

EMC 的下一个主要目标是当时被忽视的磁盘存储领
域。伊根和马里诺认为可以借此进入更大的公司市场，这
就意味着要正面挑战行业巨人 IBM，但 IBM 在他们眼里

并不是不可战胜的，因为后者对客户越来越傲慢和冷漠。对于来自 EMC 的挑战，IBM 进行了强力的回击，迅速进行产品改进并降价。但在最后，EMC 公司开发出了一个与 IBM 兼容的新的磁盘存储系统。企业客户不断增加，回应了 EMC 的流程推动。

随着客户对存储容量要求的不断提高，EMC 带着一种革命性的想法向整个存储领域进军。EMC 在开发与 IBM 相容的驱动器时就已经意识到磁盘尺寸带来的局限。EMC 的技术人员放弃了这方面的竞赛，而是以一种所谓的独立磁盘冗余阵列（RAID）的方式将数个较小的磁盘连在一起。它速度快，质量可靠，且成本低廉，而这一切都是 EMC 的。这在访问、传输和储存大量的大型计算机数据上是一个突破。1990 年，EMC 公司出售了第一台 Symmetrix 存储系统，获取了大型机存储市场不到 1% 的

占有率，而 IBM 的份额是 75%。1995 年，EMC 就超过了
IBM，随后又过了两年，就获得了 50% 的市场份额，而
IBM 的市场份额则不断下降。

但是 EMC 也知道，在高科技领域的任何专有优势都
是短暂的。几个月后就会不可避免地被竞争对手复制或者
过时。保持领先的唯一办法是尽量拉近和客户的距离，成
为客户业务的一部分，一个满足最终客户需求的共同体的
一部分。正如我们将看到的，实现这一目标的途径之一就
是推动你的流程跨越公司边界，和你的客户拉动的流程
对接。

在那些日子里，EMC 公司的执行董事长迈克·鲁特
格斯（他在 1992—2001 年间担任首席执行官）每年亲自
拜访 500 多位客户，以确保 EMC 理解客户的关注并顺应
他们的需要。该公司保持市场领先的途径之一是资助数据

存储领域的学术研究。更重要的是，公司建立了客户委员会，该委员会在回应客户拉动上做出了卓有成效的工作。他们相互信任、共享数据、从事共同的事业，形成了独特的组合。

EMC 公司每年两次邀请 50—60 家客户公司有远见的管理者和决策者，与 EMC 的高层人士和数名资深工程师进行为期两天半共 20 个小时的讨论。这并不是一个轻松的休闲聚会，参会高层主管需要签署保密协议。与会者带来的不是网球拍和高尔夫球具，他们带来的是各自正在进行中或业已完成的项目。他们就行业面临的具体问题和 EMC 是否全力以赴解决它们进行交流，这些讨论包括 EMC 目前工作进展的细节。EMC 公司评估其解决方案对客户的影响，以及客户方是否也有应该纳入这一共享流程的任何其他合作伙伴，所有这些信息都会成为 EMC 公司战略规划的一部分。由于 EMC 公司的这些措施和其他方面的努力，《快公司》杂志将其评为世界上最佳的以客户为中心的公司之一。

正是这种对客户的关注使得 EMC 在上个世纪 90 年代初做出了另一个明智之举。当时个人电脑开始迅速出现在公司的办公桌上，基本上取代了传统的中央大型主机。个人电脑的优点是显而易见的，但 EMC 听到客户抱怨一个缺点：服务器和个人电脑造成了孤立的信息池，使得未受保护的和公司无法获取的数据量不断增加。公司需要的是集中的数据，并使员工都可以得到。

于是，EMC 公司着手开发企业级的存储系统，同时，EMC 认为这些系统必须标准化，从而在这一点上遥遥领先于它的竞争对手。集中存储就意味着必须与各种硬件和软件兼容，与各种格式的信息兼容，这样才能让各种系统都可以将信息传输到集中存储系统中去。企业的各个部门可以按照他们自己的喜好来选择部门的电脑系统，新的设备可以无缝地接入公司系统。随着连接性的增加，公司可以跨过企业的边界，将数据传递给客户、供应商和合作伙伴。数据的接收者将使用多系统来共享流程，从一个集中的信息库获取数据或向其传输数据。

这一设想使得 EMC 公司开发出了自己的开放性存储系统，这些近乎奇迹般的盒子实际上是独立的智能企业记忆库。在当时，每个系统都和一个冰箱差不多大小，可容纳多达 69.5 TB 的数据，可以储存 3 倍于整个国会图书馆的信息量。鲁特格斯喜欢说，在计算机的婴儿期，储存一个 TB 需要一个阿根廷面积大小的仪器。

在 EMC 公司看来，这种不断的变化在未来会持续出现。在写这篇文章时，存储成本已从每一兆字节的数据

36 000 美元下降至 2 美分。鲁特格斯看到了互联网的应用
与多公司数据共享带来的对巨量数据存储的需求。他认为
各大公司的信息技术系统会演变成一个电子信息结构——
一个类似于企业神经系统的高科技工具和信息网络，并应
用于企业的每一个决策和行动。随后，他又预测，一种通
用数据系统将会把每个公司的办公室连接起来。

2001 年乔·图斯接任总裁兼首席执行官以后，EMC
公司的领域进一步扩展到多平台存储软件及其邻近的市
场，如虚拟化、信息安全和内容管理，同时还倡导了全面
客户体验的营销模式。在网络泡沫破灭之后，留住客户成
为了公司的首要任务，同时也是一个艰巨的任务。随着经
济的低迷，以前那些需要 EMC 公司产品提供的高级功能，
并且不介意为此支付更高价格的客户，此时转向了能够提
供"足够好"的技术的公司。由于 EMC 与其客户之间尚

未培养起更深入和持久的关系，EMC更多地被客户看成是一个供应商而不是一个战略合作伙伴。不久，更便宜的价格和"足够好"的技术成为业内的标准做法。

弗兰克·豪克是EMC公司执行副总裁，负责公司基础设施产品的业务以及全球营销和客户质量，其中包括全面客户体验的倡议。正如他所描述的那样，该公司将一件产品出售给客户，然后就将注意力迅速转移到下一个目标客户。EMC这样做就放弃了一个帮助客户了解他们的业务，解决他们的问题，使之更有效率的机会。

该公司的客户满意度调查反映了这种心态。EMC所测度和管理的更多的是交易过程中的满意度指标："在1—10分（填写），你对我们的产品、服务和维修等的满意度如何。"而不是试图建立对EMC长期成功至为关键的客户忠诚度。

> 建立客户忠诚度，也就是真正理解客户的拉动，要比赢得客户的满意困难得多。

　　建立客户忠诚度，也就是真正理解客户的拉动，要比赢得客户的满意困难得多。你必须从头到尾地了解你的客户，这正是 EMC 实施全面客户体验的动力。全面客户体验的目标是不仅要求在质量和服务上超越客户的期望，同时在创新和互动上也要超越客户的期望。但是，正如 EMC 最终认识到的，要了解如何才能获得客户的忠诚度是一个非常艰难的过程，EMC 是在三个领域内被客户给予很低的评价后才开始在理解客户上取得进展的。

　　首先，EMC 和重要客户的采购、信息技术和管理部门的人员进行沟通，他们提供了 EMC 客户体验的第一手详细信息和多维视野。其次，公司进行了双盲调查，这类似于一个焦点访谈组，里面的访谈人员和那些被访谈的对象彼此不认识对方。"我们从访谈组得到了一些真正的原始反馈，"霍克先生告诉我，"因为受访者没有任何形式

的预设立场，他们不知道是谁进行的调查。"第三次的调
查则是以一种传统的客户满意度格式设计的，目的在于用
一种前后一致的指标来衡量客户对公司产品和服务的
评价。

上述三步式分析的结果让人大吃一惊。霍克说道：
"我们发现我们低估了客户的要求，他们对我们的期望远
高于我们原先的假设。"如事先所料，EMC 的客户关心质
量、性能、新的特性和功能。EMC 发现，客户期望 EMC
提供世界级的品质，他们也同样期望产品使用起来很方
便。"不打嗝"，这是霍克先生的说法。当推出新产品时，
客户期望在使用中不要出问题，或者即使有一些小故障，
EMC 也应该能在不影响整个系统正常运转的情况下加以
修复。随着客户将期望值拉得更高，公司别无选择，只能
发起一系列流程改进和采取新的措施以满足客户新出现的

要求。

在 EMC 追求世界水平的产品性能和质量时，工程师的计酬方式成为公司关注的问题之一。EMC 以前从来没有将产品质量计入考核指标，工程师的报酬取决于能否设计出符合要求的产品性能，使其在随后的重复试验中正常运行，并在预定的时间内完成这些工作。换一句话说，公司没有为了质量而改进质量的激励机制。

霍克先生打趣地说："如果你想看看人们可以多快地改变他们的日程和重新安排一天工作的轻重缓急，你只需要改变他们的计酬方式。"他告诉我，每天一个跨职能的团队都会聚集在一个房间里分析前一天的客户问题，并试图找到出问题的根本原因。他们的目标是找到如何防止问题再次出现的方法，防止 DUDL（data unavailable, data lost 的首字母缩写，即没有数据和数据丢失）成为确保满足质量指标的口号。如果客户的设备不能正常工作而客户又无法获得相关信息，那么质量指标就没有得到满足。

EMC 公司按季度设定指标，如果没有达到这些指标，乔·图斯及以下的相关工程师都没有奖金。第一次发生这种情况时，霍克说，目标是 10% 的改善，而该小组离目标只差一个百分点的 3/10。"大家都以为我们会四舍五入算成 10%，"他告诉我，"当我们严格照章执行时，大家的收入受到了打击，也消除了对我们的决心的怀疑。"

为了确保每个人都齐心协力，霍克宣布下一个季度需要改进 10% 的另一个目标，承诺如果团队超过下一季度的目标，将弥补他们上一季度被扣掉的收入。这一次，工程师们达到了目标，但没有超过它，所以前一个季度被扣掉的收入就没能收回。在此之后，每个人都知道改善质量和性能是计算他们收入的依据之一，并一直持续下来。

为了使该计划保持新意和有突破点，霍克定期变换对
团队的挑战。同时，为了防止大家都沉浸于追求质量而使
得创新力下降，他让另一组工程师来决定每个季度的产品
的特性和功能目标。

由于全面客户体验计划，EMC 公司业务的变化远远
超出了建立起来的回应度更高的客户关系。如果对该计划
的支持不是始自公司的上层，这些变化可能就没有那么显
著。但是，考虑到乔·图斯自己参与制定季度目标，EMC
设计部门领导人把他的目标当做他们自己的目标也就不足
为奇了。因此，他们是一个跨职能的群体，致力于弄清楚
为什么客户对 EMC 的产品不满，并努力寻找解决方案，
因为他们必须这样做。如果一个高级管理人员犯了一个错
误，而这个错误再次出现，这个高级管理人员在同事面前
会倍感尴尬，因为这不是一个领导者应该出现的问题。

EMC 的全面客户体验方案自 2004 年推出以来一直没有丝毫懈怠。之所以能够如此，部分是因为 EMC 公司每季度都举行一次部门领导会议，每一个职能部门的领导，包括 EMC 最近收购的公司的领导，用 15 分钟汇报其部门的活动。没有独白和魔术，只有精益六西格玛模式和界定其成功和失败的实实在在的数字。

随着 EMC 在一个被虚拟化急剧改变的环境中推出越来越多的解决方案、软件和服务，它与客户的关系也发生了巨大的变化。它售出的产品和系统必须同时和物理环境及虚拟环境兼容，这就使其业务面临一个全新的复杂环境。用户希望有能力从提供给他们的众多资源来查看他们的业务。正如霍克指出的那样，我们正踏上一个技术的旅途，这个领域容不得任何瑕疵。他说，我们面临的挑战是在成功地发布一款新产品前尽量减少问题，并锁定互操作性。

　　显然，EMC 在回应客户拉动的竞争中走在了它的对手前面。但是，霍克先生告诉我，"这是一个在不断变化的环境中的旅程。目前，EMC 势头正旺，但是，它终将面临不可预见的障碍，它必须要探索在新一代的市场中如何运营。你必须每天都努力发展和维持与客户的战略关系，这不是一个一劳永逸的事情。"

　　EMC 知道，这个世界可能出人意外地突然改变方向。EMC 持续地在几个主要的可能性上投注，并调整其流程以做好准备来应对相应的变化。保持不变的是 EMC 的战略：以有竞争力的价格生产高品质的产品、通过流程创造独特性以及关心和重视培养客户关系。

　　客户的拉动和跨企业的推动使 EMC 再造的流程和传统的业务流程看起来大不相同。除了能给企业的营运带来

极高的效率，使企业能够为客户提供有竞争力的价格外，
新的流程还能使 EMC 和其他机构做到以下几点：

> 显示所有参与者和受影响的各方的积极合作。

> 促进降低成本和增加客户价值。

> 提高供应链上所有成员的经营业绩。

> 有效地利用信息技术。

> 对客户和员工采取一种自助服务模式。

> 提供有关性能和质量的反馈。

了解和利用客户的拉动和跨越组织界限的流程推动是
新流程再造的关键。这是一个永无休止的平衡过程，但是
像 EMC 这样在业界领先的公司正在显示出这显然是一个
值得进行的平衡的行为。

5

通往和谐的盈利之路

流程再造：根据流程而非任务来组织
　　　　　一个公司内部的工作。
新流程再造：根据流程而非任务来组织
　　　　　多个公司的工作。

新流程再造过程要求将你的流程和客户、合作伙伴以及供货商的流程相协调。

领导者往往会回避"和谐"这个词，因为这个词意味着某种柔和，这和我们对管理的一般看法是不一致的。我们普遍认为管理一个企业首先要强硬，我们注重的是工作的结果而非员工的感情。但在这里我要说的和谐是"硬"东西——公司的流程。

我笔记本电脑里的词典对"和谐"（harmonize）一词的定义多是关于旋律和音乐术语方面的，但也包括以下内容："使规则、规定或系统彼此相似或适合对方。"这个定义准确地表达了我想说的意思，但我想将"流程"也补充进去。新流程再造过程要求将你的流程和客户、合作伙伴以及供货商的流程相协调。

知名的百老汇歌词作家艾拉·格什温的歌词中的马铃薯可以有 potato 和 potahto 两种读音，番茄可以有 tomato 和 tomahto 两种读音。公司与人一样，可能会遇到类似的令人沮丧的不一致。他们说的事情和做的事情其实是一样的，但是出现了不同。出现服务缺位和客户失望的一个常见的原因就是相关组织的流程彼此不协调。

但是为什么要要求他们彼此间的流程相互协调呢？不同的组织本来就是各自独立发展的。当他们相关联时，他们之间功能的区别取决于他们各自在相关流程的哪一端。例如，你的销售流程，就是你的客户的采购流程；你的物料仓储流程就是你的供货商的分销流程；你的入账和收款流程就是你的客户的应付账款流程，其他的也可以此类推。

显然，当你的合作伙伴有任何需求时，你是不想让他们失望的。那么，你需要做的就是通过重新设计你的流程来使跨企业的流程彼此协调。在某些情况下，这意味着要确保你的流程去很好地适应你的客户和合作伙伴的流程。

例如，如果你的客户以某种特定的方式在特定的时间购买产品，你就应该设计你的销售流程来适应他们的购买模式。但是你也要做好准备，有可能你的、你的客户的和你的合作伙伴的流程都非常低效，而且一开始就是如此，在这种情况下，相关各方就得重新设计这些流程。

例如，医药供应公司经常会发现，医院在订购产品上做得很糟糕。医院可能会过分频繁地订购小批量产品，或在部分产品上订购过多，而在另一些产品上缺货太快。由于受到数以百计的医生的个人偏好的影响，医院也可能库存太多的不同产品。低效率的采购增加了买卖双方的成本，还可能会降低服务水平。

你需要做的是后退一步，仔细检查所有与客户的接口之处（例如，采购），以及这些接口涉及的企业内部的相关流程（例如，库存管理）。其目的是让每个交易的交易

双方重新设计和共同拥有一个协调的流程——我们可以称
之为产品管理——这可以降低成本和提高服务水平。

协调的程度

一旦你选择了需要协调的流程，你必须决定该流程需
要和其他组织和个人的流程整合的程度。换句话说，你需
要确定你期望达到的协调程度。我认为整合可以有三个不
同的层次，我们先从最简单的开始。

开　放

让你的流程透明是非常重要的。在流程协调的初期，
你只需要开放信息，让客户和供应商知道你是怎么操作

的。他们按照自己的意愿可能会也可能不会寻求和你协调，你也不谋求和他们协商任何共同的流程变化。

许多公司都在尝试开放。例如，现在大多数公司都把招聘信息连同公司的其他有关情况放在CareerBuilder. com、Monster 和其他招聘网站上。这些招聘信息中对职位要求有非常详细的描述，让潜在的应聘者能对该公司的文化和管理风格有真正的了解。这些公司还提供在线产品目录，同时致力于在诸如 Facebook（脸谱网）这样能辐射亿万消费者的社交网站创建和维护自己的广告形象。

这些都是开放你的销售流程的第一步，这些公司并非都已将他们的销售流程和客户的购买流程进行了完全的协调。但即使是最初的开放之举也会迫使一个公司整理对自己的产品和服务的描述，这对于一个有数千种产品的公司

> 开放是任何形式的协调的第
> 一步，但它必须超越简单的电子
> 信息传播，你公开的信息必须显
> 示你的操作流程。

来说，并不是一件容易的事情。

　　开放是任何形式的协调的第一步，但它必须超越简单的电子信息传播，你公开的信息必须显示你的操作流程。很多公司对此犹豫不决，部分原因是他们不希望外人看到他们的内部流程实际上是多么不合理和低效。但更常见的理由是其流程假定的专有性。其实，正如我先前提到过的，对于某个企业来说，独一无二的流程没有几个。而且即使是独一无二的，如果你相信你的竞争对手不能轻易复制你所做的事情，你仍然可以放心地开放其中的一些流程。

交互性

　　交互性是协调的第二个层次，它是指两个或多个组织

109

的流程相互依赖。所涉及的组织并不会主动寻求就跨组织的流程变化进行协商，但他们会对彼此产生一种隐含的期望。这种层次的协调水平的重要特征是可预测性、一致性和可靠性。客户期望你在他们需要的时候能和他们进行交易，并且指望保持前后一致的交易方式。

当然，这也许并不像你想象的那样容易，它绝对不仅仅是建立一个网站。我最近拜访了一个二手书和善本书的交易商，他的书店在一座大大的老房子里。我经常在星期六下午去逛他的书店。我注意到他已经减少了他的零售营业空间。于是我问他："你在收缩你的生意？""没有啊，"他回答道，"我的生意比以前任何时候都好，我现在大部分的书都是通过网上卖出的。"

他在网上的经营是否使他的工作更容易？没有的事儿！"看这些房间，"他说，"里面摆满了电脑和用于邮寄的箱子。生意是好了，但是我现在的工作也更辛苦了。"

通过他的网店，这个书店老板和他的顾客们都在学习通过一种新的方式和对方打交道。再没有平时的固定营业时间；现在客户希望他 24 小时都在线；他们还希望他提供寄送服务，因为他们不再亲自来店里了。

大公司的客户和上面所讲到的网上书店的客户有着同样的期望。可预测性和一致性在企业对企业的交易中尤其关键。例如，许多公司现在通过网上拍卖进行大量的采购，在我最近观察到的一个交易中，一家大银行购买了价值 200 万美元的信封。像这家银行这样的固定客户希望拍卖网站和在网上销售的供货商在他们需要时随时都在线，希望他们遵循前后一致的商业规则，并能提供可靠的服务和产品。在这种复杂的协调层次上，卖家、买家和中介机构没有长期协议，甚至没有谈判，但它确实能直接导致流程的标准化。

互通性

很多大公司通过供应链管理的方式都已达到这个层次的协调。一个公司通过将自己的流程和供应商的流程相协调来保证材料或产品在需要时能够及时发送。在汽车制造业，福特汽车公司是这个领域的先行者。福特在几年前就开始向卡车零部件供应商开放，为他们提供福特的生产计划，并要求他们将福特采购的零部件交付到正在生产的卡车生产线上。

其他公司在供应链管理上更进了一步，他们要求供应商保持自己的店里的库存量。这需要客户和其供应商对彼此的流程有深入的了解。在大多数这种情况下，客户只是要求供应商调整他们的流程来适应自己——供应商要么接受，要么放弃。

正是在这个协调层次上，公司开始认真地对待有关流程。有关各方积极地进行谈判，确定他们各自的流程以及使之完全开放所需要的改革；员工为每一个流程承担责任；公司确立一套指标体系用以衡量流程是否运行良好。

协调让塔塔汽车创造了奇迹

塔塔汽车公司是印度塔塔集团的汽车生产部门，该公司在 2009 年 3 月以其新上市的 Nano 微型车颠覆了全球汽车业。Nano 微型车价格便宜，每台售价仅 2 500 美元；体型小，刚刚超过 10 英尺长，宽不超过 5 英尺；燃油效率高，每加仑 50 英里；同时令人惊讶地宽敞，可容纳五人

> "伟大的公司是建立在开拓新的市场基础上的，而不是在现有市场上增加份额。"

乘坐。

Nano 微型车在工程上的创新引人注目，但其获得的荣誉不止于此。塔塔通过将其合作伙伴的流程和自己的流程进行整合，在营销、制造和分销这款无装饰的"人民汽车"上推出了创新性的举措。

塔塔的创新旅程始于对客户需求的高度关注，特别是被汽车制造商长期忽视的印度部分地区和其他的新兴市场。达特茅斯的塔克商学院教授维杰·戈文达拉扬告诉《商业周刊》："伟大的公司是建立在开拓新的市场基础上的，而不是在现有市场上增加份额。"而这正是塔塔汽车公司所做的。

Nano 微型车的推出使塔塔的董事长拉坦·塔塔实现了为 5 000 万到 1 亿左右的潜在客户造车的目标。在此之前，在印度次大陆销售的最便宜的汽车是由铃木汽车的子公司生产的 Maruti，售价 5 000 美元。Tata 的目标客户是目前在一辆摩托车上同时搭载着自己、妻子和两三个孩子的消费者。

为了造出印度穷人买得起的汽车，塔塔抛弃了先计算生产成本，然后在此成本上加入一定的利润空间的传统定价法。相反，董事长拉坦·塔塔首先确定目标客户能承受的价格，然后再计算如何实现这一目标。更为创新的举措是，该公司邀请供应商一起寻求如何大幅降低汽车部件的重量和成本。最初，供应商对此项目持谨慎态度，但是，当他们确认帮助汽车制造商控制整体成本也会增加他们自己的利润时，他们就加入了。

有些供应商开发自己的廉价零部件，其他的供应商则与塔塔合作以降低成本。塔塔自己承担了两缸汽油发动机的设计任务。

　　最后定型的是后置式铝制引擎，较之传统的引擎更轻、更省油，同时符合印度的排放和噪音标准。但是，将发动机放置在车体后面会使汽车内部通风不畅，因此发动机的冷却系统供应商不得不重新设计风扇电机和叶片，以使其更有效地工作。同时，转向系统也需要重新设计以减轻其重量，为此，供应商通过用钢管代替钢杆来达到这个要求。此外，供应商同意生产单件式钢管而不是两件式钢管，从而节省了加工和装配成本。

　　从车轮、轮胎、座椅系统到挡风玻璃和雨刮，塔塔的供应商齐心协力，以减轻 Nano 的重量和成本。创新随处可见，塔塔、设计所和供应商之间跨企业的流程协调显示了奇迹般的效率。

　　塔塔进行服务协调的下一个领域是分销，以降低成本。塔塔不是在自己的生产基地装配好 Nano 微型车，然后将其运送到经销商处。塔塔是以套件的形式将车出售给经销商，该套件包括了汽车的各种零部件，运送到经销商处，由经销商在自己的车间装配。塔塔也对其他愿意加入到组装和销售中来的创业者大开绿灯，从而创造了更多的当地就业机会，此举颇受欢迎。塔塔要做的则是培训装配人员并监督装配的质量。

塔塔似乎是通过一个小小引擎就赚了大钱，其实这在很大程度上要归功于塔塔将自己的流程和其供应商及分销商的流程加以整合的明智之举。

以下是你进行协调时需要采取的一些行动。

灵活地应用技术

将技术应用于流程中是大量企业都在做的事。在许多情况下，它能降低企业的成本，同时提高产品和服务的质量。但在另一些情况下，它可能会使某个流程变得如此难以理解，以至于管理者自己都需要接受一个专门的培训课程来了解如何运作这一流程。

我这里指的是那些所谓的智能流程，它将你从一个位置弹到另一个位置，和目前困扰着许多公司的部门化和分割化的问题有类似之处。当我打电话给我的信用卡公司询问一个复杂的问题时，我总是被自动应答电话转来转去，很少能接通到一个真实的人，即使我非常需要这样的服务。当一个公司应用技术来提高自身的效率，但却忽略了客户的效率改善时，往往就会发生这一类的客户体验。这是一个协调不成功的例子，也是一个很典型的不协调的例子。

新流程再造不是简单地将旧的流程自动化。将技术应

> 新流程再造的关键是通过灵活地使用新技术来创建新的流程。

用于旧的流程最多带来增量的效率改进。新流程再造的关键是通过灵活地使用新技术来创建新的流程。

在我认识的一个制造商那里，信息技术为其业务带来了巨大的好处。事实上，该公司 97% 的销售额通过网上进行。这样的结果部分是源于该公司巧妙地利用技术来将其销售流程与客户的采购流程加以协调。客户以前需要致电该公司客户服务以获悉产品交付的情况，现在则可以到该公司网站查询订单的状况，并找到一个联邦快递的跟踪号码。这种将公司自己的流程和客户的流程协调后的效率有多高？事实上客户很难在购买时出错，如果他们选择两个或更多的产品，但彼此并不匹配，网站系统会自动发出警告。

Nano 微型车上市引来一片赞誉声，塔塔汽车公司通过不懈的努力，利用尖端的技术和生产方式来减轻汽车的重量和降低成本，这是该公司赢得世人钦佩的原因之一。塔塔对涉及 Nano 微型车的创新设计申请了多项新专利，据报道，其中有 34 项涉及发动机和动力传动系统的突破。这家印度公司还招募了如德国的博世集团和密歇根州的德尔福这样的上游供应商来共同完成董事长塔塔的事业，向他们提出采用轻钢和塑料来设计新的汽车零部件的挑战。

　　除了使用新材料和新流程外，塔塔还应用信息技术来获取 Nano 微型车的第一批订单。其结果是，在 Nano 微型车推出后一个月内，该车的订单高达 203 000 辆。塔塔采用的是所谓的"开放渠道"营销方法，该方法依赖于第三方信息技术用户来接触潜在的客户，第三方信息技术用户中的很多人都和农村地区的社会机构有关系。

　　问问你自己下面的这些问题，可以帮助你更灵活地应用技术：

➢ 我是在使用信息技术来设计新流程，并将我现有的流程与他人的流程相协调，还是仅仅是使现有流程自动化？

➢ 在投资信息技术之前，我是否忽略了相应的流程应该怎么设计，从而降低了投资的应有收益？

➢ 我使用的信息技术是否能为客户和供应商提供自助服务，让他们来做比让我的员工来做是否更适合？

➢ 我使用的信息技术是否能帮助我真正了解客户和供应商的愿望、需求和期望？

标准化流程

为了协调流程，并确保客户和合作伙伴知道合作是对其的期望，公司应该将许多流程标准化。为此要克服的第一个困难往往是心理上的。在许多公司，推动标准化举措的效果几乎像在一场摇滚音乐会上大喊"安静!"，不会得到多少人的响应。这是因为在一般人看来，标准化窒息了个人主动性并扼杀创造力。

我最近就在一家以创新精神著称的大公司看到这样的情况。在创新的旗帜下，公司的每个职能部门和分支机构在开发和维护自己的流程、系统和技术方面几乎都是各自为政。该公司的产品线虽然满负荷运转，但公司的运营已经开始面临问题。财务信息、物料和想法在公司内的流动非常困难，与客户和供应商的联系更是麻烦重重。大家都在不断地争论该如何收集和解读公司的财务数据，如何真正衡量客户的满意度，以及评估员工表现的最好方法。

在该公司，流程标准化的建议引发了轩然大波。员工们认为流程标准化会导致公司内部的集权化和对员工更多的控制。他们后来才认识到流程标准化也可以解放他们，通过采用标准的流程，他们摆脱了自己造成的复杂性，从而将工作的重点放在真正的创新上。

尽管存在困难，如果要实现协调，在规范流程方面有很多事情可以做而且必须做。无论是对客户还是对供应商，你都需要灵活、迅速反应，愿意和对方共同努力来找到一个双方都能接受的解决方案。

然而，跨企业的流程标准化是有一个限度的。你肯定不希望将需要创造力和随机应变的流程的每一个环节都进行标准化，但是，你的确需要一定程度的标准化，以确保企业的精力能更多地投入到创新和真正的客户服务上，减少用于应付不同的流程风格、设备和软件的精力。

　　塔塔公司就是依靠标准化创建了为公司的分销流程带来革命性变化的 Nano 微型车套件。Nano 微型车的模块化设计本身就是一个创新，它使预制零部件能分别被运送到当地的组装企业，然后组装并出售给当地客户。标准化大大降低了塔塔的资金成本，因为该公司不再需要修建装配设施和聘用工作人员，也不用负责装运成品。

　　这里有一些问题，可以帮助您认识标准化：

　　➢ 为了让信息在公司内部以及在公司与客户和供应商之间顺畅地流动，公司技术基础设施的哪些领域必须标准化？

　　➢ 公司必须开发什么样的信息标准来适应客户的需求？客户对于他们获取和接触到的信息有什么期望？

　　➢ 在我的行业中哪些流程是通用的？在哪个环节可以通过标准化提高效率？哪里存在重复冗余的工作？何处可

> 所谓透明，是指流程不仅能够为所有的合作伙伴所了解，而且能被企业的所有其他利益相关者所了解。

以共享通用的流程？

让流程透明

如果流程不透明，跨组织流程是不可能真正相互协调的。所谓透明，是指流程不仅能够为所有的合作伙伴所了解，而且能被企业的所有其他利益相关者所了解。在新流程再造的世界中，除了专属的流程不能公开，其他信息都是用于共享的，这是实现协调的完美方法。

消费品生产商宝洁公司（P&G）坚持供应链的透明，认为这能使公司的关注点集中在消费者的需求上。消费者的需求推动了宝洁公司的供应战略。宝洁公司有两个有名的"真相时刻"：客户从商店货架上选择的产品和产品在客户家里的最终用途决定了公司将生产什么产品。显然，客户的特定愿望和需求是当地企业的管理者要优先考虑的事情。

透明度为将流程变得更灵活和更协调，同时达到更高的一体化程度提供了更大的机会。这意味着公司要提供足够的信息供客户和供应链合作伙伴判断公司的产品是否具有可持续性。此外，公司的利益相关者可能想知道，也应该被告知，一个产品的所有组成部分的来源。透明和开放不同，开放是一个态度问题，而透明是能力问题。

塔塔公司创新型的生产模式对供应商是完全透明的，当然这样做的理由非常充分。如果这家印度公司的流程不是完全开放的，诸如博世、德尔福以及很多其他企业就会拒绝拉坦·塔塔的号召，不会加入他的廉价汽车实验，塔塔董事长的梦想就无法成真，他想满足世界上一直被忽视的最大的消费者群体之一的交通需求的愿望就无法实现。

塔塔公司的供应商和塔塔公司一样都不是冲着慈善事业来做这件事的，塔塔公司要让供应商相信最终会有良好的收益。而全面获知塔塔的流程对供应商的理解和信任至关重要。

波士顿咨询集团底特律办公室的高级合伙人泽维尔·莫斯科特发现塔塔与供应商的合作以及透明化的流程还有一个好处，他在《商业周刊》上指出："让大家都在同一个房间里寻找问题的解决方案和提出建议，这有很大的价值，非常有效。"

这里有一些问题，可以帮助你衡量自己的透明度：

➤ 我的哪个流程可以跨边界进入我的供应商、经销商和客户的领域？

➤ 如果供应商和客户能够获得我方的更多信息，将如何使对公司的生意及其关键流程受益？

➢ 我方有多少流程可以完全透明，我能做些什么来使这些流程对我的利益相关者更加开放和透明？

和谐总是难以捉摸，其中一个音符弹错了就可能完全丧失。然而，所有的管理者都必须意识到，未来属于那些认识到在他们彼此之间，在他们的客户和合作伙伴之间维持一个和谐的流程的重要性的公司。在一个网络状的市场上，企业间关系的重要性是不言而喻的。

新流程再造就是要优化这种关系，以便使公司能够充分利用客户、供应商和合作伙伴构成的商业网络来实现智力和专长的互补。为了实现这一目标，这些人员参与的流程必须能让他们顺利地在一起工作，无论是在组织内部还是组织与其客户、供应商和合作伙伴之间。如果能实现这一点，也就达到了和谐的终极层次，成功将尾随而至。

资料来源

［1］ Richard Chang, "Tata Nano：The World's Cheapest Car," *The New York Times*, January 10, 2008.

［2］ Nandini Lakshman, "Will Your Next Car Be Made in India?," *Time*, December 22, 2009.

［3］ Vipin Nair, "Tata Motors Gets 203 000 Orders for Nano, World's Cheapest Car," *Bloomberg. com*, May 4, 2009.

［4］ Jessica Scanlon, "What Can Tata's Nano Teach Detroit?," *BusinessWeek*, March 18, 2009.

6

每个流程再造者都应该
避免的八个误区

流程再造：根据流程而非任务来组织
　　　一个公司内部的工作。
新流程再造：根据流程而非任务来组织
　　　多个公司之间的工作。

在20世纪90年代末期，一家令人尊敬的欧洲航空公司——瑞士航空公司，受到了英国航空公司和汉莎航空公司崛起的威胁，后两家航空公司的航线更多，分摊成本的渠道也更多。瑞士航空公司向我咨询如何才能渡过这个难关，我的答复是：航空公司不能仅仅在空中和对手竞争。瑞士航空公司拥有各种地面设施，包括酒店、免税店、先进的订票系统以及对瑞士机场的重要控制权，为什么不把瑞士航空公司再造为一个专注于改善旅客的整体旅行体验的真正友好的承运人。"整合你所有的资产"，我告诉该公司的领导者要以欧洲第一家提供空中旅行全面服务的公司来参与竞争，提供从地面开始的完整的旅行服务。

瑞士航空公司的管理层犹豫不决，未能按我的建议去行动，因为这不符合他们传统的观念。在当时的航空公司管理者眼里，竞争的焦点在于增加新的航线和在机上提供更可口的食品，酒店和商店则不是他们飞行计划的一部分。因此，瑞士航空公司的管理层未能接受我的建议，他们选择了参股其他的欧洲航空公司，期望借此增加他们的航线并从其竞争对手那里抢到客户。不幸的是，瑞士航空公司购进的其他航空公司由于负债累累，现金流极差，最终将瑞士航空公司拖入破产的境地。2002年，汉莎航空公司以便宜的价格收购了瑞士航空公司，瑞士航空公司因为固执地坚守不合时宜的理念而付出了巨大的代价。

　　最终，瑞士航空公司因为未能及时抛弃过时的理念而失去了其独立性，这对举世闻名的瑞士红十字也是一个小小的玷污。我至今仍不时选择乘坐这家航空公司的航班，并常常想如果当时它及时地听取了我的建议，结果又会是怎样呢？

> 但新流程再造更像下棋，而不是扔骰子，其成功源自知识、技能和坚持。

　　瑞士航空公司的故事似乎和我的大部分文章的风格不一致，我一般都是侧重于讨论正面的例子，因为我认为这是说清一个想法的最有效的手段。但是，分析失败带来的教训也是非常重要的。

　　因此，这里我要讨论的话题是误区，以及如何避免误区。我的主要关注对象是那些曾经试图进行跨组织边界的流程再造，但最终以失败告终的公司。他们没能达到既定目标的原因何在？一些闷闷不乐的管理者将其失败归咎于运气不好或时机不佳。但新流程再造更像下棋，而不是扔骰子，其成功源自知识、技能和坚持。

　　在新流程再造的陷阱的研究中，我发现有些同样的错误被一犯再犯。为了让大家不再重蹈覆辙，我在这里提出八种常见的误区。

误区 1：在进行内部组织再造之前进行跨越组织边界的流程再造

这类误区最典型的案例之一发生在 2009 年的购物旺季。我所知道的一个公司——这里我不讲它的名字，以免让一个朋友尴尬——它的新玩具的订单量大大超过原来的预期。由于该公司事先对突然涌来的订单没有准备，交货的流程很糟糕，也没有考虑如何应对季后的退货，结果让很多客户大失所望。

新流程再造的一个重要要求就是要在你的流程与客户和供应商的流程之间建立坚实的联系。但如果你自己的流程一开始就是没有效率的，将它们进行跨越组织边界的连接也不大可能提高你的公司业绩，所以要先进行内部流程再造。

如果你还没有实施 1.0 版的流程再造，你的业务很可能仍然是围绕部门和这些部门执行的单个任务来组织的。在这种环境下生成的条块分割和专一化可能会将一个组织的运行速度降到爬行的速度，这在今天很难说是一个优势。

但是，在尚未进行流程再造的公司进行新流程再造如同将火箭安装在一个老式福特 T 型车上，然后期望它能赢得印第安纳波里斯 500（Indianapolis 500）大赛，或者是给某个大学校队的运动员一个钛网球拍，然后期望他就能在温布尔顿网球公开赛上夺冠。如果公司要想更密切地协调运作，公司需要设计良好且高效的流程。

误区2：前进得太慢或太快

在进行新流程再造时，你需要知道如何根据市场状况和你的公司以及合作伙伴的能力来把握好变革的节奏。你需要明白什么时候该快速推进，什么时候该慢下来。

速度并不意味着要不惜代价地进入市场并获取市场份额。速度是指以正确的节奏前进，既保持变革的势头，又不会因为强行推进而让员工精疲力竭。但所谓的"组织构件"（organizational artifacts）有可能会让你的新流程再造慢下来直至最终停止。

最近，我试图帮助一个大型医院系统发起一个新流程再造。该机构的总裁对医疗服务有着非常独到的眼光，他致力于改善病人在医院的体验。为了达到这个目标，他将不得不改变大量已有的流程，并和许多其他的服务提供商进行关联协作。

但是，该医院系统的医疗人员将必须进行的变革视为对他们所理解的恰当的医疗业务的一种威胁。他们的一些担心是有道理的，但另一些担心则没有必要。医院内部对此的争论持续了很长时间，到最后，大家已经没有精力来推进真正的变革了。最终，该机构的总裁跳槽去管理另外一个医疗机构，他希望能在新的机构成功地推动他的改革。在他离去后，原来那个医院的流程再造也就无疾而终了。

曾经有人问杰克·韦尔奇，如果回顾他在 GE（通用电气）的所作所为，他认为自己犯过的最大的错误是什么？韦尔奇给出了一个出人意料的回答。"我最大的错误是在面临困难的决策时纠结过久，"他说，"如果我更果断一点，GE 的情况应该会更好。"

很多管理人员接受的教育都告诉他们最好的决策应该基于详尽的调查研究，"不要急，慢下来"是他们的座右铭。我个人的经验是，一个组织中的人越聪明，比如工程、文化、医院和研发等机构，他们就越是倾向于无休无止的争论。很多情况下，议题在争论中无疾而终，什么事都没做成。

这种危险在技术领域最大，因为在该领域，沉溺于讨论和举棋不定最容易让变革最终无法实施。正如某公司高管曾经对我说的，一个历史上未曾经历过快速变革的公司在面临向 Web 2.0 和 3.0 技术过渡时肯定会感觉比较痛苦。

我们这里并不是建议你未经考虑就贸然行事，在没有看清前面的道路之前就急于奔向技术的未来。不是说公司业务中的任何一点都必须以 Web3.0 的速度前进。例如，即使你的公司能够迅速适应变化，你的客户和供应商也可能无法跟上你的脚步，你必须给他们合理的时间来适应。

但是，在你的组织里，一旦你做出了基本的流程再造决定，你就必须着手执行并保持前行，除非市场信号清楚地显示你应该改变方法或调整速度。

得益于 Web 2.0 和 3.0 的技术，每一个业务流程最终都会压缩所需要的时间，但这个结果未必让人感到舒服。我今天遇到的很多管理者似乎都面临工作节奏加快的挑战，而严酷的经济环境使得管理者面临的压力变得更大，这种情况今后有可能会持续下去。

我的建议是管理者应该更加关注如何在重要的工作和不重要的工作之间分配自己的时间。推掉那些无关紧要的事情，你超负荷工作的感觉可能是来自你忙于毫无意义的从某种意义上说，我是在建议你偶尔慢下来以改进自己加速的方法，其结果是速度超过你以前设想的更好的流程再造。

事情，而不是来自变革的速度。要时不时从你的日常琐事中跳出来恢复自己的均衡。在工作进程的快慢上，你需要维持一种平衡的观点。

从某种意义上说，我是在建议你偶尔慢下来以改进自己加速的方法，其结果是速度超过你以前设想的更好的流程再造。

误区 3：组织的领导要致力于跨越组织 边界的流程再造，但不必亲自参与

有时很难说高层管理者是不是真的致力于某个流程再造项目。我记得曾经和一个大型人寿保险公司一起工作，该公司的管理者同意采纳一个新的价值倡议：他们将致力于提供行业最佳客户服务。为了实现这个目标，他们一致

同意花费一亿美元来"再造"公司。该再造项目包括设
计新的流程、开发新的信息技术系统、建立新的客户呼叫
中心以及进行广泛的员工培训。

公司指定了一个高级副总裁来负责推动这项工作，但
不久之后，奇怪的事发生了。他的下属不来参加他主持的
会议，他们完全无视这项工作，而公司已经在这项工作上
每个月花费了数百万美元。

当我问到发生了什么事情时，我发现所有的管理人员
都同意应该致力于提供业内最佳的服务，但对于如何达到
这个目标，他们却各持己见。他们也明白他们的业务方式
应该改变，但无论他们开始时是如何赞成这项改革，他们
后来都以不参与的方式予以放弃。他们的反应就是我称为
的"还是算了"综合症。

从这件事和其他几个类似的情况中，我意识到如果要

让人们真正参与到流程再造中，你就必须让他们尽早参与。在任何流程变化开始之前，你就必须邀请他们进行讨论，充分了解变化带来的各种影响。为了保证以后变革推进的速度，这个时候你就需要慢下来。

每次当我和中层管理人员交谈时，他们问得最多的问题是，"如果老板不理解，我该怎么办？"有些高层管理人员对市场情况不太了解，看不出进行流程再造的重要性。另一些高层管理人员虽然原则上支持流程再造，但未能坚持到底。还有一些高层管理人员自己非常乐意引领变革，但不能说服同事加入。

没有来自高层的支持，重大的变革计划很少能够取得成功。在新流程再造中，来自高层的领导力更加关键。为了跨越组织的边界有效地再造其流程，一个公司必须明确自己对客户的价值倡议以及对合作伙伴的选择。这些问题

都直接涉及企业的战略，必须由高层管理人员进行讨论和
解决，战略决策不能由下至上推进。

在很多情况下，这些决策都需要企业的管理人员深入
了解企业的细节。在流程再造的棋盘上下出明智的一步需
要对客户和市场的深入了解，以及对企业运作方式的深入
了解。新流程再造项目需要高层管理者持续的支持和参
与，否则，失败是不可避免的。

误区 4：从尚未对变化做好准备的部门开始

对于大多数企业来说，有很多跨越组织边界的流程都
可以作为新流程再造的理想对象，那么，你应该从哪里开
始呢？你的第一个努力应该是向企业的其他部门发出一个
强有力的信息："请看流程再造后工作是如何发生了转

变，经营业绩是如何得到了改善。新流程再造也可以使你得到同样的收获。"

流程再造最佳的破冰点不一定是那么明显。你可能会认为从跨组织的联系中受益最多的地方开始是一个合乎逻辑的选择，或者你认为应该从那些技术性最强的部门开始。但事实上，取决于公司的具体性质和所涉及的行为，这两个群体很可能是所有可能的先驱者中最差的。

我知道的一个高科技公司就差一点走上了一条通往重大错误的道路。该公司的 CEO 说服了董事会大量投资于新技术以改善其客户服务，该公司的 CEO，我这里且称他戴夫，认为从销售部门开始是最佳选择，其次是设计部门，因为工程师们对技术都很熟悉。但戴夫也观察到这是公司最独立和最任性的两个单位，即使他们对新流程再造持欢迎的态度（能给他们更多的预算），他们也完全有可能走偏，最终让结果混乱不堪甚至毁掉再造项目。戴夫从而意识到最有可能进行变革的部门也是最不可能获得成功的部门，这是一个我们都应该考虑的悖论。

最后，戴夫明智地选择了从订单履行部门和生产部门下手。这些部门通过开放性、兴趣和领导力来引领变革。而他们取得的正面经验能为整个公司铺就再造之路。

如果戴夫从销售和工程设计部门着手流程再造，其结果可能是一败涂地，而非巨大的成功。选择从哪里开始新流程再造时要考虑的一些因素包括：业务部门对变革的态度、商业机会的大小以及当地文化。

误区 5：一次性地将公司的所有流程加以再造

新流程再造需要你全面地重新思考你的流程，但你不能一次性地什么事情都去做。你毕竟首先需要维持公司的正常管理，并且还必须在市场上保持正常的存在。

公司经常犯的第一个错误是买一大套软件，但对准备进行的流程再造的范围和具体设计，之前并没有认真考虑。他们认为新的系统和流程可以魔术般地简单投进公司。可以预见的结果是：灾难。

我认为，大多数公司在流程再造的初期已经获得了一些经验和教训，但是，当他们进行变革的需要和抱负增加后，许多都会犯甚至更大的错误。最近，我发现一家公司在进行企业级的系统和流程再造，该过程已持续了5年，花费了8 000万美元，但新的流程仍然没能启用。

问题的根源在于，该公司的领导人将变革看成是一个主要和技术有关的问题，很少或根本没有注意到相关的流程和业务执行。但是，在今天这样严峻的经济形势下，成功就是取决于流程和执行。新流程再造是基于 Web 2.0和3.0 的功能，但这并不意味着就应该交由公司的技术人员来管理，也不意味着你可以依靠外部的软件服务和产品来实现你的业务转变。这种天真和傲慢的组合是行不通的，取而代之的应该是充分考虑流程如何运作，以及将流程变化与特定机构的需求和管理能力相适应。

　　但是，即使一个公司对变革过程的管理一丝不苟，其推出新产品和服务的雄心也可能超出市场的承受能力。在进行服务和产品的流程再造时，记住你要改变的不仅仅是你的流程，也包括你的客户和供应商的流程。这并不是一朝一夕就能完成的事。另一方面，我也遇到过一些客户比他们的供应商更有眼光，这些客户已经看到了网络技术可以带来的变革，并期望他们的供应商采用先进的服务和订单履行流程。

> 埋葬公司的墓地里到处都是那些曾经将流程再造战略定义为建立一个 Web 前端和 Facebook（脸谱网）页面，然后用 Twitter（微博）来进行业务运作的公司。

误区 6：只对业务的前端进行再造

埋葬公司的墓地里到处都是那些曾经将流程再造战略定义为建立一个 Web 前端和 Facebook（脸谱网）页面，然后用 Twitter（微博）来进行业务运作的公司。这些公司中的一部分是发起创新业务的传统实业公司，另一部分则是得到资助的新创公司。但它们都有一个共同点：未能将客户与公司的物流过程很好地链接。在网上做生意需要的不仅仅是一个新的客户界面。

在过去的十年中，许多管理者在信息技术上花费了大量的资金。现在，他们自己都很难相信花了那么多钱带来的经营业绩的改善却这么小，其原因在于他们在变革流程上做的还不够。

但是，仅仅将你的各种销售渠道和你的物流流程顺利链接仍然是不够的。值得考虑的地方还有很多，包括你如何对产品定义和分类，甚至包括你的产品或服务的实质。这些都体现了你的价值倡议。

还记得我先前提到的人寿保险公司吗？它渴望在客户服务上领先对手。在花费大笔金钱用于再造其客户服务的流程后，该公司才发现其产品过于复杂，不容易被客户理解。在这种情况下，任何增加的服务只能恶化问题，唯一的解决办法是回到原点，大大简化公司的产品。

如果你将变革限制在前端的流程上，你将丧失使你的上游流程与客户和供应商的流程协调运行的机会。

误区 7：认为电子业务就是"电子"

　　每次当我出席有关电子商务的会议时，我对与会者一致强调技术而忽略了业务本身是如何完成的倾向感到震惊。这种过度关注技术和缺乏对业务本身的深思熟虑是很多企业失败的原因。

　　然而，即使在今天，许多认为业务变革应由技术驱动的人仍然维持对技术的迷恋。最近，我参加了一个医疗服务行业的会议，会议的议题是 Web2.0 和 3.0 以及社会媒体将会给该行业带来什么样的变化。与会者广泛讨论了全球各国的医疗服务行业对于变革是否已经做好准备，如笔记本电脑、无线上网和智能手机在各个国家普及的程度，以及医生和医院使用网络的比例。与会者将"准备"定义为一个国家的信息技术基础设施的完善程度，但是没有人去注意医生对于流程变革的"准备"情况如何。

　　我所知道的大多数医生其实是渴望流程变革的。例如在美国，医生们希望能通过流程变革改善他们与管理式医疗（managed care）的互动①，他们认为现行模式控制太多，而能报销的费用太少。在欠发达国家，医生们则热衷于获得有关治疗方法和疗效的信息，他们对于启用电子技术支持的流程来缩短他们诊断病人所需要的时间并没有多大的兴趣。

　　最近，我有机会观察到医生如何使用新的信息系统进行诊断治疗。该系统可以获取病人进行临床检查时的数

---

① 一种集医疗服务和经费管理为一体的医疗保健模式。

据，在结束检查前，医生需要在一台电脑终端处将数据输入到一个笨拙的系统内，医生觉得所有这一切对于患者的诊断过程而言完全是一种干扰和破坏。这种情况常常出现在医疗系统和其他一些在设计时过于关注 e（electronics——电子）而对 p（process——流程）关注不够的系统中。这就回到了我反复向客户强调的一点：企业需要理性地应用技术。

误区 8：低估客户适应新流程所需要的时间

不要指望你的客户都能以你的速度接受新流程再造。正如我早前观察到的，在某些情况下，客户的眼光可能比你还深远，他们甚至会对你的流程和技术的改造提出要求。但在另外一些情况下，你可能需要花费比你预料的多得多的时间来说服那些观念还没有转变的客户。这就意味着你必须了解你的客户群，清楚他们的流程和技术开发的情况。这也意味着你应该让客户可以选择按旧的方式做生意，直到他们适应了新的流程。

当然，你也不能无所作为，消极地等待你的客户遇到一些启示后自己领悟，或者说对 Web 2.0 或 3.0 顿悟。为了保持竞争力，你必须推进你的新流程再造计划，不断向你的客户灌输新的理念，让他们逐步适应。在理想的情况下，你和你的客户都将在同一时间做好开始的准备。

你和你的客户对变革的准备是一个双轨进程，管理该进程的一个有效的方式是在你的公司变革启动前设置一个前提条件，即客户会较早地适应变革，但是，你也要对有些客户迟迟不能适应的可能性有所准备。换句话说，在你进行再造努力的同时，保持你的传统流程正常运行。这会让你处于一个有利的位置：当 10% 的客户毫不犹豫并且愉快地接受新流程再造时，你仍然能服务占总数 90% 的不能及时跟上的客户，并防备已经接受者的反复。整个过渡期无论是 1 年还是 5 年，你都可以满足客户的不同情况，使你的业务运行不受影响。

例如，许多公司使用多流程的方式来导入变革。他们告知客户可以在线订购产品，也可以电话订购。随着时间的推移，他们通过激励手段推动客户选择互联网，因为使用互联网能降低公司和客户双方的成本。最后，客户体验到互联网的好处并做出转变。但是，这种策略需要时间、金钱和坚持。

另一个常见的错误是认为广告能加速成长。许多 B2C 的新企业和一些 B2B 的新企业支出大笔的广告费以吸引顾客，这样做的结果只是使他们的现金更快地被耗尽。

请记住，新流程再造不只是涉及销售产品或服务，它也涉及说服你的合作伙伴和客户参与流程的变革，需要通过积极的谈判来改变公司边界以外的其他组织的工作方式。例如，如果你想开电子发票，客户就得学习如何进行电子支付。你必须说服他们相信这种变革有充足的理由：开出并寄送一张纸质发票的成本可能高达 15 美元，而开出并寄送一张电子发票的成本仅为几美分。

为了加快你的再造进程，要认真选择最初的流程变革领域。问问自己从何处着手才能让客户和合作伙伴能很快地看到新流程重组的好处。另外要确保在新的流程得以实施和经营业绩开始起飞前，企业应该能为变革提供稳定的资金来源。不要花钱太多和太快，并记住耐心和毅力是必不可少的。

不要只注意防御

当你忙于小心避免步入我们谈到的八个误区中的任何一个时，也不要只注重防守。今天，所谓"受保护的市场"是一个值得怀疑的说法，没有一家公司的市场是完全安全的，技术先进的后起者、雄心勃勃的供应商和其他行业的入侵者都是潜在的威胁。

企业不应该躲在防空洞里，整天琢磨如何设计出新的方法来守住自己已有的地位。竞争对手将你已有的东西夺走的方法是多种多样和难以预测的，因此，完全采取防守的态势不太现实。你需要对自己的弱点进攻、对你的市场进攻、对你的未来进攻。

我不禁想起了施乐公司这个例子。在现任管理层给该公司注入新的生机前，施乐公司就是因为沉溺于已有成就而陷入困境。施乐公司曾经是一个非常强大的公司，在很多年里，它推出的奇妙的新产品把它的竞争对手横扫一空。但是，施乐公司后来过分专注于捍卫公司已有的产品及其市场份额，它没有看到信息传输的新方式将会不可避免地取代公司大部分的现有业务份额。

施乐没有采取行动将它的客户率先带入无纸化时代，也没有将关注的中心从文件转移到信息上，而是设法维护其现状，从而选择了一条错误的道路。的确，你的日常责任应该包括抵御竞争者的挑战，维护当前产品和服务的盈利能力。但是你的立场和你的精神状态应该是积极主动的，以进攻为主。

我们这里的讨论适用于所有的流程和系统。要适应由科技推动的经济环境的变化，你的公司就不能只是采取防

157

御措施，类似"每个人都是这样做的"那种心态。也不应只是做出一个最低限度的调整："看看，我们没怎么折腾就弄好了。"如果你还没有准备好进攻，没有准备好新的突破，没有准备好重新设计跨组织的流程来利用所有这些强大的新技术，新流程再造就不适合你。

资料来源

［1］Amy Kover，"Why Brandwise Was Brand Foolish，" *Fortune*，November 13，2000.

［2］Janet Lowe，*Jack Welch Speaks*，Hoboken，New Jersey：Wiley & Sons，2008.

7

还有什么
比诚实更鼓舞人

诚信茶饮如何和
为什么保持其品牌承诺

对于诚信茶饮的创始人巴里·纳尔巴夫和塞斯·戈德曼来说，创业的念头始于 1994 年，当时纳尔巴夫在耶鲁大学的管理学院教书而戈德曼在那里读书。纳尔巴夫是研究企业战略的教授，当时正和他的最优秀的学生之一戈德曼一起对瓶装饮料行业进行研究。他们都注意到了一个现象：所有的非无糖饮料，除了瓶装水，从可乐、果汁、运动饮料到冰茶都充满了糖分，这些饮料中通常加入的是高果糖形式的玉米糖浆。市场上的每一种自然甜饮（非糖精类甜饮）在一听或一瓶里加入了相当于 10—12 茶匙糖的糖分。

用市场营销的术语来说，就是有糖才好卖。食品生产商通常会发现他们在任何食品中添加的糖分越多，销售量就越大，至于这样是否有益于消费者的健康则是另外一回事。著名的营养学家和畅销书作家马里昂·尼索称瓶装饮料为"液体糖果"，这些高糖饮料不仅腐蚀消费者的牙齿，而且导致肥胖症和糖尿病在全美流行。

纳尔巴夫和戈德曼敏锐地意识到了这个健康问题，同时他们自己作为消费者也因找不到不是过甜的瓶装饮料而感到沮丧。与此同时，市场上充斥着清一色的过甜饮料而呈现出来的明显的市场机会吸引了他们，如果能由消费者自己选择，大多数人在茶或咖啡里不会加入超过一茶匙或两茶匙的糖。而且几乎可以肯定的是无论消费者是否有健康意识，很少有人在自由选择的情况下会选择放入与市场上的饮料中等量的糖。很显然，可以利用这种市场产品和消费者实际需求之间的差异推出一种微甜的饮料。他们两人都觉得这个主意可行，尤其是戈德曼对这个想法感到特别兴奋，因为他喜欢跑步，每次跑完步，他总是因为找不到一种真正健康可口的提神饮料而烦恼。

在耶鲁大学的那次讨论后，戈德曼和纳尔巴夫不止一次半开玩笑地谈到他们想成立生产低糖瓶装饮料的公司。他们甚至还探讨将天然果汁、碳酸水和糖混在一起，但是任何用真正果汁生产的饮料在和市场中那些几乎什么都不含的饮料竞争时，价格都会显得太高。

1996 年他们迈出了关键的一步，当年纳尔巴夫飞到印度去写一个关于塔塔茶叶公司的案例研究，他发现了该国庞大的茶叶市场的复杂性。他发现大多数美国消费者所了解的茶叶实际上是用制作上等好茶时被淘汰的较差的原料做成的。尤其在瓶装冰茶里，这些茶叶残渣会带来一种苦涩和不愉快的味道。然而，美国的瓶装茶饮生产商如斯纳普却专门寻求最苦涩的茶叶，因为在加入 10 茶匙糖以后，任何不够苦涩的茶叶都会失去所有的茶的味道。

纳尔巴夫告诉我，正如好的葡萄酒一样，真正的好茶

> 但是，即使是最好的茶叶，其成本也不过几分钱一磅，而一磅茶叶能生产 62.5 加仑诚信茶饮。

叶要比便宜货贵上百倍。但是，即使是最好的茶叶，其成本也不过几分钱一磅，而一磅茶叶能生产 62.5 加仑诚信茶饮。"好茶叶是世界上最便宜的奢侈品之一，"他解释说。

这里的商机是显而易见的：以优质茶叶生产的瓶装饮料只比以茶叶残渣为原料生产的成本贵一点点，但就不需要加入这么多的糖来掩盖不良味道。此外，如果一瓶茶饮料里面只用原来 1/10 的糖分，那么省下来的成本就可以用更好类型的糖，如蜂蜜或枫糖浆等。热量较低和更健康的茶饮料对有健康意识的消费者更有吸引力，从而能卖更高的价格。这将是一种全新的企业，完全不符合当时瓶装饮料市场的游戏规则，可这又有什么关系呢？纳尔巴夫意识到这就是他和戈德曼设想中的产品。

正巧，纳尔巴夫从印度回来后不久戈德曼就去见了他，后者再次提出微甜饮料这个话题。"他问我是否还记得低卡路里饮料的想法，"纳尔巴夫回忆道，"并想知道我是否已开始行动。我告诉他我还没有，但已经准备好了。"很快，戈德曼就任新成立的公司的首席执行官。"塞斯是真正负责将这个想法付诸行动的人，"纳尔巴夫很谦虚地说。但实际上不完全是这样：纳尔巴夫给这个品牌想出了一个很妙的名字。

当然，如果公司想真正赢得客户的青睐，既然名为诚信茶饮就不能辜负这个名字。这一先决条件决定了公司的非正统商业模式的战略。诚信茶饮就应该是真正的茶，由真正的人生产，从戈德曼和纳尔巴夫自己开始，他们的签名会出现在每一个瓶子上。瓶子上面贴有一个雅致、低调的主标签，以一种类似柔道般的战术使诚信茶饮从杂货店货架上包装花哨的竞争对手中脱颖而出。背面标签则是一

个对该饮料及其历史的稍微书呆子气的介绍。而且，最重
要的是，公司在生产和营销诚信茶饮时所说和所做的一切
都必须遵守诚信的原则。公司运营的各个方面的完全透明
成为取信于客户的重要手段。

对诚信的考验

当诚信茶饮准备推出一种名叫"零"（夸张地表示完
全不含卡路里）的新饮料时，将真实奉为信条的该公司
遇到了创建以来的第一个大的考验。当时新产品的标签已
经在印刷厂印好，公司的这两位合伙人却发现他们加入的
发酵甘蔗糖会给每瓶饮料带来 3.5 卡路里的热量。按照美
国政府的规定，食品中低于 5 卡路里的热量时可以在标签
和广告中四舍五入为零。没有人需要知道"零"实际上

165

并非名副其实。但对于诚信茶饮来说，这个不一致非常关键。"如果卡路里含量是3.5，我们就不能把这个饮料叫'零'，"纳尔巴夫说，"我把产品和名称都做了改变。"诚信茶饮后来稍微增加了这款饮料的甜度，同时加入了一点龙舌兰汁使其味道更丰富并提高其卡路里值，这款饮料后来取名为"十"。

回想起来，正是从那个时候开始，诚信茶饮把与顾客的关系看得比产品更重要，或如戈德曼所说的那样，"我们越来越成为一个和诚信有关的企业，和茶的相关性反而少了。"他们的顾客需要的是一种能让自己的身体感觉良好的产品，并能在一个常常是充满了欺骗的世界里也能够无保留地信任的产品。填补消费者的这一需求成为公司的当务之急。

尽管如此，戈德曼和纳尔巴夫并没有因迎合消费者而

> 尽管如此，戈德曼和纳尔巴夫并没有因迎合消费者而失去自己的主见，脚踏实地和讲求实效是诚信茶饮不变的宗旨。

失去自己的主见，脚踏实地和讲求实效是诚信茶饮不变的宗旨。无论公司的奉献精神有多强和纯粹主义者会怎么说，该公司从未因想迎合客户而忽略了市场的现实状况。

例如，在 2003 年，诚信茶饮推出其第一个公平贸易饮料，公平贸易产品能保证第三世界的茶叶种植者，即使在市场价格出现较大的下跌时也能够获得比非公平贸易产品更高的收入份额。这个安排似乎是赢得客户认可的一个好办法，因此公司计算了使其所有的饮料都成为公平贸易产品的成本。结果显示这一转换将使公司费用提高 50%，其结果是，要么公司产品大幅提价，要是不提价，利润就会非常小，使得诚信茶饮的业务不可持续。

公司的一些工作人员坚持公司应该做"正确的事"，即在任何情况下都让茶叶种植者分享固定份额的销售收入。但戈德曼认为，如果这样做带来的成本和价格上升使得销售下降或甚至导致诚信茶饮倒闭对茶叶种植者并没有好处。自那时起，该公司一共增加了六个公平贸易产品标签，每年都将更多的产品进行公平贸易认证。这的确帮助了茶叶种植者同时又没有危及到公司的生存。公司谨慎和公正地遵守其公平贸易上的承诺，通过与种植者谈判来确定后者可以分享的利润份额。

如果诚信茶饮是一家由捐助者提供支持的非营利性企业，它可能已经完全转变为公平交易产品供应商，然后陷入财务困境。但因为要对投资者负责，纳尔巴夫和戈德曼就得考虑市场的现实情况，而这样做的结果是各方均从中受益。

同样，该公司的合作伙伴一开始就决定公司所有的产品都应该是有机饮料。除了有机饮料这个概念对消费者的吸引力，此举也是他们创业时希望推动健康产品的想法的自然延伸。"大多数人都没有意识到茶叶是从来不清洗的，"戈德曼告诉我，"茶叶上的任何化学物质得到第一次清洗的机会是泡茶时倒入的热水，所以化学物质就留在了茶里。而有机茶饮是不含任何化学物质的饮料。"

对于有机茶饮，价格不是问题，尽管最优质的有机种植茶叶的成本高达 5 000 美元/吨，大大超过最好的传统茶叶。使用有机茶叶之所以可行，是因为 1 吨茶叶可以生产很多瓶茶饮，最后摊到一瓶 16 盎司茶饮的成本只有约 4 美分。刚开始时，转用有机茶叶之所以困难是因为有机茶叶供应不足。市场没有足够的有机茶叶来满足诚信茶饮的需求。但是，在 20 世纪 90 年代中期席卷整个欧洲的对茶叶中残留农药的恐慌后，大量的印度和中国的茶叶种植者转为采用有机种植的方法。最终，足量的有机茶叶进入了市场，使诚信茶饮可以将其所有的饮品都转用有机茶叶。

　　自从 1998 年创建后，诚信茶饮在随后的十年中推出了 18 种口味的茶饮，目前在全美的全食食品超市①、塔吉特超市（Target）、地区性的连锁超市、各类合作市场、餐馆和便利店都有售。该公司最近连续两年销售额年增长 70% 以上，在 2007 年销售了 3 000 多万瓶茶饮，利润达到 1 350 万美元，使得诚信茶饮创建后第一次获得大规模盈利。2007 年的销售总额超过 2 300 万美元，同比增长 72%。诚信茶饮的口碑在相当程度上归功于公司透明的经营方式，良好的声誉推动了公司的销售，诚信茶饮只在少数行业杂志上投放广告。

　　由美国农业部授权的一个认证机构的代表会检查茶饮料生产的每一个环节，从种植茶叶的茶园到公司的瓶装车

---

　　① 全食食品超市（Whole Foods），1978 年创建于美国得克萨斯州的奥斯汀，今天已发展成为全美最大的天然食品和有机食品零售商，拥有 265 家分店。

> 在诚信茶饮，一个决策不是完全依据科学的市场营销策略来制定的，而是更多地考虑该决策是否适合这个品牌以及这个品牌所代表的东西。

间。每个茶农的种植情况必须要核实和有书面认证，病虫害的控制方法要事先得到批准，茶叶种植园装运的每一批茶叶都必须出示其认证的副本。在装瓶车间，有机产品不能和非有机产品同时生产。在生产每批有机产品前，所有的设备都必须冲洗和消毒。

显然，诚信茶饮对客户的承诺引导着公司的行为。信守保持公司完全透明的承诺比公司销售的产品更重要。在诚信茶饮，一个决策不是完全依据科学的市场营销策略来制定的，而是更多地考虑该决策是否适合这个品牌以及这个品牌所代表的东西。对于该公司的客户而言，"诚信"和公司销售的货真价实的有机及健康产品是同义词。这种组合在市场上显示出来的威力胜过任何市场调查，而且这使得诚信茶饮和市场上的传统生产商形成鲜明的对比，后者致力于打造他们的品牌，而不是公司本身。在诚信茶饮，对所有的事情保持诚实是争取客户的唯一途径。

争取客户的规则

> 确保你的信息是真实的，能说明你到底是什么。

> 根据市场的情况来提供你的信息。

> 从你的客户处获取线索。

> 履行自己的诺言。

> 务实。

化繁为简

Go Daddy 如何满足客户
未被满足的需求

鲍勃·帕森斯致力于为客户简化事情，即使这意味着他和他的团队在幕后要做大量复杂的工作。在 Go Daddy 公司，帕森斯化繁为简，回归到商业模式的基本：为客户提供功能丰富和价格低廉的产品，并伴之以受过严格培训的人员现场解决每一个问题。Go Daddy 公司的客户非常认同这种模式，在好评如潮中公司的市场份额稳步扩大。

今天，几乎在你电脑屏幕上闪烁的每一个网站都承诺要让你的生活变得更容易，但真正能够实现这个诺言的网站少之又少。要了解一个典型的网站如何使用往往要花上数小时，而与客户服务代表交流后客户可能会比开始时更迷惑。但在 Go Daddy 不是这样的，在这里，员工帮助客户以简洁明了的方法注册域名和创建网站，同时还提供各类互联网的主机服务和电子商务软件。

> 他保持公司组织的扁平化，让受过良好训练的人在决策时不受复杂的管理构架的影响。

Go Daddy 不像大多数的互联网公司那样让客户使用起来非常复杂。帕森斯将公司的技术和精力专注于解决对公司管理和客户界面管理真正重要的问题上。他保持公司组织的扁平化，让受过良好训练的人在决策时不受复杂的管理构架的影响。理顺后的公司组织结构自动减少了很多复杂性，同时，帕森斯在公司内部坚定不移地致力于产品的开发和全面客户支持进一步消除了剩余的复杂性。

帕森斯的成功有实实在在的数字支撑。在十年多一点的时间里，Go Daddy 已经吸引了超过 600 万客户，注册超过 3 200 万个域名，并占有了 46％ 的全球市场份额。考虑到全球有 1 000 多家从事域名注册的竞争对手，这是一个令人印象深刻的成绩。

一条致富的土路

帕森斯在 1994 年卖掉了他的软件公司帕森斯技术公司，收购协议中的非竞争条款规定帕森斯必须从该行业退出一年。他很不愿意退出这个行业，当协议规定的行业禁入时间一到，他告诉我："我聘用了一些非常聪明的人成立了一个新的公司，并进入了互联网领域。"他没有愿景，没有产品，没有商业计划，也没有如何赢得客户的模式。"Go Daddy 开始时是没有什么长远计划的，"帕森斯坦白地说，"我们只是想试一下，看看有没有赚钱的机会。"他相信他从互联网行业里面找到一个可行的产品的机会比他从外面投资一个公司的机会大。但我认识的所有人，包括那些财大气粗的人，采取的都是后一种方式。

他将该公司取名为乔马克——一条泥路的名字。"名字并不重要，甚至没有必要取名。因为当时我们根本没有做什么。"在接下来的几个月里，他建设网站和建立网络，并尝试了各种各样的想法。"我认识到发现一个事情行不通比找到一个行得通的事情容易多了。"最后，帕森斯回到给他带来最初成功的软件开发的老路。

他创建了一个"今夜网站"来为机构和个人建立网站提供服务，这需要一个新的公司名。有人建议叫"老爸"，但这个名字已经有人用了。随后又有人说在美国在线网站上用"Go"这个命令，输入"Go Daddy"就能找到公司的域名。"我们接受了这个建议，这听起来就像一个笑话，"帕森斯说，"第二天，我们对每个人都开玩笑说，这就是我们公司的新名称。他们都笑了，但这个名称就这样用起来了。"

当帕森斯到处购买用于网站设计的程序时，他开始进入域名注册这个神秘和复杂的世界。他感到非常不满："他们要价过高，服务完全不到位，而他们的系统更是糟糕。"他认为 Go Daddy 可以做得更好，能用低价域名吸引客户，然后卖软件给他们以简化网站开发。在经过一年的准备和 100 万美元的投入后，他的系统已经到位，ICANN（互联网名称和号码分配公司）授权 Go Daddy 为域名注册商。

现在 Go Daddy 平均每秒登记、更新或转让一个域名。它同时提供了许多其他的服务，包括网站、博客、iPod、电子邮件软件包和账户管理、一个对网上交易程序进行加密的电子商务程序，以及自助网站设计服务和个性化网站设计服务等。随着提供的产品不断发生变化，企业的成长也越来越快。现在，该公司分布在全美三个州的六个地

点，雇用的员工超过 2 000 人，其中绝大多数在 Go Daddy
客户服务中心工作。

这些员工不是一般的雇员，而是被帕森斯称赞为
"充满激情的员工"。他们之所以充满了激情是因为帕森
斯支付给他们很高的薪水，并提供额外的奖励，如哈
利—戴维森摩托车、汽车和休假来激励他们为客户提供最
好的服务支持和通过内部创新来不断改进原有产品和推出
新产品。

如果你给那些大牌的科技公司打电话，你很可能最后
会沮丧不已。帕森斯指出，"如果有人能接你的电话，你
就是非常幸运的。通常情况下你的电话会被转来转去，永
远得不到答案。你的问题也不会得到解决。"相比之下，
你如果给 Go Daddy 打电话，你的电话会被迅速转接给一
个活生生的人，他知道"你需要知道的东西，并能迅速

处理你的问题"，帕森斯说。

帕森斯意识到随着技术系统的不断演变，新的东西不一定直观易解，"人们需要帮助，并且需要有一个组织能和他们进行一对一基础上的沟通。"所以 Go Daddy 没有将客户支持服务外包或建立离岸后台，公司的服务支持团队就在现场，每天 24 小时，每周 7 天的待命。

帕森斯致力于建设企业自身的技术开发能力。Go Daddy 大部分的技术都是由公司内部开发和维护，没有外部授权的，也没有授权给外面的。因此，Go Daddy 的员工对公司所有的产品都很熟悉，可以为客户提供深入的服务。公司的 IT 人员不是远在印度，而是就在美国本土，紧邻接电话的客户服务支持团队，如果发生故障或问题，技术专家们随时可以帮助客户解决。

客户只需要拨一个电话号码，和一个人通话，因为客

> 不仅仅是客户服务团队围绕客户所面临的问题在行动，销售人员也接受过培训以加强和客户的互动。

户服务中心所有的员工都受过训练，可以处理任何问题或客户查询，无论是计费、设计、维修或是其他相关的任何东西。所有的帮助都是免费的，这是简化客户体验的终极范例。

不仅仅是客户服务团队围绕客户所面临的问题在行动，销售人员也接受过培训以加强和客户的互动。他们在客户购买产品后一个星期内会主动打电话给每一位顾客说："谢谢你"，并回答有关产品的任何问题。

我不知道一般的客户服务代表是否能够处理那些真正艰难的任务——那些有复杂的问题，经常想要和公司总裁直接对话的客户。在 Go Daddy，这样的问题是不会出现的，因为帕森斯建立了一个由最好的客户服务代表组成的"特警队"来处理高层次的问题。他们是他所谓"总裁办公室"的一部分，每个人都有总裁助理的头衔。

这些人除了处理最棘手的问题外，还执行另一个重要的任务：他们每周提交一次报告，列出公司面临的任何新问题，或者用帕森斯的说法——机会。这个报告交给管理层和企业内部产品开发小组处理，他们应该在一周内，或最多两周内予以解决。后者包括200名员工，他们通常能够迅速采取行动，因为如果投诉量下降，他们的奖金就会上涨。

将事情变简单的原则也延伸到产品开发上，一个产品上市后，公司指派一个团队来负责该产品的相关服务，而且自此保持不变。这项安排消除了在其他公司当团队从一个项目转移到另一个项目时常出现的混乱情况。Go Daddy的开发者对所开发的产品的每一个方面都非常熟悉，包括它的问题。帕森斯要求每一个产品的信息每两周更新一次。

　　对员工的奖励和激励措施是帕森斯在"严格的公司管理"中给出的胡萝卜。出于对定义—测量—改进方法的坚定信仰，他挥舞着大棒要求每个部门每天早晨提交头天的损益报表。该公司开发了自己的管理信息系统，以销售为例，这个系统能够提供每小时及以往的业绩。

　　但是，一个管理良好、生产出色产品，同时提供优质服务的公司也可能因为不为人知而无法成功。所以不像那些你从未听说过的 Go Daddy 的竞争对手，帕森斯选择了业内常用的互联网，并利用传统的电视插播广告来进行口碑宣传，这些广告出现在一些全美最受瞩目的事件中，如超级碗①、印第车赛②和纳斯卡车赛③。

---

　　①　全美橄榄球联盟的年度冠军赛。
　　②　汽车场地比赛的一种，设有世界锦标赛。该车赛起源于美国，原为美国汽车协会主办的锦标赛。
　　③　美国全国赛车联合会（the National Association for Stock Car Auto Racing）的简称。

通过专注于基本的东西和将事情变简单来赢得客户是 Go Daddy 的愿景并决定了其业务的形式。到目前为止，至少有数十个大型互联网公司进入一个又一个新业务领域，然后才发现自己在其中任何一个领域中都没有做好。在花费了数百万美元将他们倒霉的企业建立起来并开始运行后，当他们开始想向客户销售产品时，他们才抬头看到不知从哪里冒出来的竞争对手已经推出压倒自己核心产品或服务的东西。帕森斯避免了让公司犯下同样致命的错误，因为他要求公司从事的每一个项目或采纳的每一个建议必须涉及公司域名的使用或改进公司域名的使用。如果不是这样，Go Daddy 就会立刻终止该项目。

对客户来说，Go Daddy 似乎是一个简单的业务。但在幕后却有着令人难以置信的复杂性。然而，借助于他的创造性思维能力和严格的管理风格，帕森斯让这一切在客户眼里显得很简单。

争取客户的方法

> 训练自己的眼睛，使其能够发现客户未满足的需要和怪癖。当你到市场中去评估潜在客户未被满足的需求和独特的行为的同时，要致力于发展企业的能力。你需要将需求和能力进行匹配。

> 高科技需要高接触。一种天真的看法认为，以科技为本的企业可以通过编程自动运行。只要创建一个复杂的网站，预计客户所有可能的疑问和问题，就可以让客户自己动手做事。对于一个复杂的服务或产品，我从来没有见过这种策略成功过。遇到问题的客户是需要真实的人来帮助他们的。

➢ 超越平庸的服务。如果你争取客户策略的核心是建立在良好服务的基础上，那么，仅仅提供良好的服务是不够的。你的服务标准需要大幅超越你的竞争对手，从而借此维持你的市场地位，并获得潜在客户的注意力。

➢ 指标很重要。如果你不密切跟踪企业的各种指标，你就无法真正衡量你公司的营销和其他业务的效率。但如果你这样做了，你还能享受一个重要的附带好处：观察者效应。这是指当有人在观察时，被观察者的某些行为就会发生改变。在企业中，观察者效应产生于当公司的员工看到你在跟踪观察他们时。你衡量的指标显示了对你来说什么是重要的，以及你的目标是什么。员工会领悟到这些，然后他们就会想出办法来推进你的目标。当然，出现这种情况的前提是岗位上的员工是这个工作的合适人选。一个好指标的另一个附带好处是能够揭示性能故障再次发生的地方。如果你发现了这些问题，你可以开始在你的程序中寻找你必须修正的系统问题。

9

借别人产品的
势头成功

卡洛驰·基比茨饰品公司

> 一个男人（或女人）对某
> 种东西的痴迷就是另一个人在市
> 场竞争中智取的机会。

几乎每隔一段时间，一个新产品或老品牌就会在消费者中掀起一个狂潮，令人无比兴奋，并带来一种神秘感。这种风行一时的品牌会在忠诚的客户群中形成一种亚文化，他们狂热地购买和这个神圣品牌有关的任何东西。在奢侈品领域，这类例子有保时捷、劳力士、蒂芙尼、韦奇伍德和珀迪猎枪。其他的例子有哈利—戴维森、纳斯卡、百威啤酒、西尔弗拉多、新英格兰爱国者队以及美国海军陆战队。这些品牌已经成为一种符号，在其信徒眼里具有强大的号召力和重要的意义。有些粉丝会高兴地穿上印有这些品牌标识的衣物，从帽子、拳击手短裤到球鞋。有些人，实际上是很多人会将这些品牌刺青在他们的皮肤上。

一个男人（或女人）对某种东西的痴迷就是另一个人在市场竞争中智取的机会。那些热衷于流行品牌的消费者为善于借助流行品牌势头的机敏商人提供了一个开发配套产品市场的机会。

借其他公司成功的势头来推出自己的产品并非完全没有风险，如果你想借一个大公司的成功势头推出你自己的配套产品，你有可能会被压得粉碎。毕竟，鲨鱼不一定会欢迎其他的鱼闯入自己的领地。例如，20世纪60年代中期，发明家罗伯特·卡恩斯发明了间歇式挡风玻璃雨刮器，这在汽车制造史上也算是一个小小的突破。卡恩斯为此发明注册了专利，并游说底特律三大汽车制造商采用他的专利。后者不但没有购买他的专利，反而贬低和嘲笑他的想法，并把他赶走，随后在所有的汽车和卡车上安装上新的间歇式雨刷。卡恩斯花了数年的时间和大量的金钱来起诉汽车制造商的专利侵权行为。美国最高法院最终判决他胜诉后，被告方被迫向他支付了3 000万美元赔偿，但实际上如果汽车生产商一开始就依法向他支付专利费用，他的收入应该是这个赔偿数字的好几倍。

然而，借势者几乎可以肯定让原有的成功品牌受益，当然配套产品生产商也能受益。当一个新的热门产品带动了一大批附属产品（配件、装饰等）的面世，由此带来的更多的客户、更好的宣传效果以及更多的新应用很可能使原来的产品更畅销。基比茨就是一家掌握了这种加速战略的公司，对这个公司的个案研究可以让我们清楚地看到这一点，同时也能显示出一个沉浸在日常活动中的普通人是可以提出一个看似简单且被其他人忽视的想法，然后将它变成一个巨大的商业机会。雪莉和里奇·施麦尔泽在竞争中能够占据上风是因为他们有愿景。雪莉低头看着她女儿的卡洛驰①洞洞鞋时，她看见了一个未被满足的市场需求。

基比茨珠宝

最有可能借势成功的创业者是那些具有商业头脑的超级忠诚客户，这也是基比茨饰品公司的故事。

雪莉·施麦尔泽是一个住在科罗拉多州博尔德市的家庭主妇，卡洛驰的忠实客户。她迷上了卡洛驰的鞋，特别是那种软塑料做成的木屐，穿起来特别合脚和舒服，鞋面上有很多洞洞，可以透水和透气，特别适合在沙滩上穿。这种大受欢迎的卡洛驰鞋在科罗拉多州博尔德市郊区的尼

①　一家总部位于美国科罗拉多州的鞋类设计、生产及零售商，以 Crocs（卡洛驰）品牌在市场上推出男式、女式及儿童的各款舒适鞋。

沃特镇生产，并在 20 个国家的 1 600 家零售店销售。

　　雪莉的丈夫里奇很具商业头脑。作为一个跨行企业家，他先后创办和出售了多个软件和互联网公司，其中包括 WorldPrints. com——一个艺术印刷品和桌面壁纸的在线交易平台。他在 2000 年将该公司出售时，获得的现金加股票的价值估计为 8 000 万美元。

　　2005 年初的一天，雪莉正和她的三个年轻女儿在他们家的地下室做手工。和往常一样，屋里到处散落着卡洛驰鞋，他们家至少拥有十几双这种鞋。雪莉一时兴起，拿起其中一只鞋将一个绢花插在鞋面的洞里，她喜欢这样的效果，她的女儿们也喜欢。那天晚上里奇回家后，发现全家人都穿着装饰着从纽扣到蝴蝶结的五花八门的小玩意的卡洛驰鞋。

　　当里奇·施麦尔泽回家看到他的妻子和孩子在木屐上

做的那些装饰时，卡洛驰尚处于起步不久的阶段。一个潜在的机会一闪而过，"这是个非常明显的想法，"里奇解释说，"我的孩子们在玩那些鞋面上的装饰，我想，'如果我的孩子喜欢，其他的孩子也会喜欢的。'"他立刻将这个想法注册了专利，成立了一个公司，公司的名字则来自他妻子的奇思妙想。他们公司将称为基比茨装饰，这是取自雪莉的昵称。

在雪莉突发奇思妙想的第二天，她出去买回了更多的耐用饰品，包括塑料做的和平标志和水钻，她把这些饰品粘到袖扣上，然后再把袖扣塞到卡洛驰鞋面的孔里。当木屐都装饰好后，她让女儿们将鞋穿到学校去。她们的同学看了一眼就叫嚷着自己也要基比茨的装饰。但雪莉仍有一些小问题要解决，她想确保她的基比茨饰品可以很容易地插入卡洛驰鞋面的孔里。她经过 7 次反复实验，终于找到符合她的标准的嵌入式设计。

　　为了满足女儿们示范效应带来的萌芽需求，雪莉和里奇在家里的地下室建了一个生产线，每个基比茨收费2.50美元。但是，随着有关基比茨饰品的新闻传遍了整个博尔德市，不断翻倍的订单迫使他们搬到一间办公室里去，并聘请了一些帮手。

　　在他们的结婚周年纪念日2005年8月9日，施麦尔泽夫妇将基比茨上网销售。"网上都卖疯了，"雪莉回忆说，"我一天收到200—250个订单。"随后，不少商店也注意到基比茨的市场正在打开，他们也开始从施麦尔泽夫妇处进货来销售。为了满足不断增长的需求，施麦尔泽夫妇再次搬迁，一个大仓库取代了原来的办公室，而生产过程则外包给一家中国公司。

　　基比茨现象当然是借了卡洛驰流行的势头，随着卡洛驰的流行，越来越多的卡洛驰的客户想在他们的鞋子上加点装饰。雪莉现在面临着各类客户的不同设计要求：小孩子们想要自己喜欢的卡通人物，青少年则想要他们喜欢的摇滚或说唱明星。基比茨的吸引力并不限于年轻人，公司网站上最近的一篇博客写道，"大家好，我是努尔杰，来自荷兰。卡洛驰鞋在这里很流行，适合每一个人，不只是孩子！我的鞋是紫色。今天我买了基比茨的饰品——四只蝴蝶和两个向日葵。在我工作的医院的儿科，孩子们非常喜欢基比茨的饰品。爱，努尔。"

雪莉潜心于设计而里奇负责公司的扩张。"我们不希望发展得太快了，"里奇不久前告诉在线新闻网站DailyCamera，"我们追求的是内在的增长和口碑。"换句话说，不打广告，而且在一段时间内没有来自主要零售商的订单。他还希望确保产品的流行不会以降低公司的运行效率为代价。他说，"如果你致电基比茨，没有人接电话，那我们就已经失败了。"

作为一个精明的商人，里奇一直关注着公司的未来。他清楚地知道自己是在借一种时尚产品的势头，但在这个产品的时尚过去之后可能就无法继续了。因此，即使在市场对基比茨饰品的需求迅速增长的情况下，他和雪莉已着手开发一个新的产品线，包括腕带、腰带、脚镯和帽子等任何有孔而且客户可以将装饰品插进去的产品。雪莉简洁地概括道："开孔越多，基比茨的饰品就越好卖。"

最终，施麦尔泽夫妇摆脱了对有孔产品的完全依赖，推出了与手机和手镯配套的各种吸引人的饰品。

到 2006 年夏天，该公司发展到了 40 名员工，为 3 300 多家美国商店和数以百计的欧洲和中东地区的商店提供商品，已售出的商品总计 600 多万件。"我们对基比茨受到消费者的青睐感到非常高兴，"雪莉在公司的新闻稿中这样说道，"我们一直希望创建一个有创意、可持续发展的业务，可以通过在科罗拉多州及国外创造就业机会来回报社会。"

那年夏季炎热的一天，7 岁的莱克茜·施麦尔泽穿着装饰着基比茨饰品的卡洛驰鞋（她还会穿其他什么鞋呢？）到当地的游泳池去，一个男子走到她面前，拿出他的名片。"让你妈妈给我打电话，"他告诉她。该男子是杜克·汉森——卡洛驰的三个创始人之一。随后雪莉和他在电话上进行了交谈。一件事引发另一件事，在 10 月 3 日，卡洛驰宣布以 1 000 万美元的现金收购基比茨。

基比茨从此成为一个卡洛驰的子公司，里奇·施麦尔泽任总裁，雪莉任首席设计师。收购协议规定如果基比茨能达到某个收益目标，他们还可以另外最多再赚 1 000 万

美元，他们现在正在实现这些目标的途中。基比茨现在有
1 100 多种产品，包括一个庞大系列的迪士尼主题饰品，
包括了从米老鼠、小熊维尼到加勒比海盗中的人物形象，
还有全美橄榄球联盟和全美冰球联盟的所有吉祥物。

一切都源于雪莉丰富的想象和里奇对机会的敏感觉察
力，他们能借助别人产品的成功势头来推出自己的配套产
品，一举成名并获得丰厚的收益。

明智之举

➢ 一件事情也可能好过头了。有时，市场对你的好
想法反应很快，以至于你没有足够的时间建立必要的产品
交付能力，因此就有牺牲产品质量的危险。

➢ 从大处着眼。当你建立你的商业模式时，确保它

具有可扩展性。

➤ 不要忽视你的基础设施。你公司的 IT 基础设施和业务流程要能够在处理增加的业务量的同时不带来成本的显著增加，也不需要增加人员来保持或改进服务质量，这是至关重要的。

➤ 考虑有针对性的营销。里奇·施麦尔泽控制公司运营的途径之一是依靠口碑营销和基比茨的网站，他由此避免了传统的广告开支。

➤ 长远的眼光。当你在为自己的企业成功而努力的时候，可能你醒着的每一分钟都为此所占据，这时，要退一步考虑一下企业的未来——不是明天或下周，而是接下来的一年或两年——是很困难的事。然而，如果你的企业想要长期生存下去，这是绝对必要的。

需要问自己的问题

➤ 你最近购买的任何一款流行产品是否感觉需要配件或服务？这些东西是否是你能够设计、制造和销售的？

➤ 如果你借其他产品的势头而推出的配套产品或服务受到市场的欢迎，被你借势的那个产品的发展前景是否能够给你足够的增长空间？

➤ 主导产品的生产商是否会对你的借势行为不满？你能否让对方认为你的产品或服务能够使他们的产品更流行？

➤ 是否还有其他可能性被主导产品的生产商忽略了？你的产品或服务能自然成长为一个完整的产品线吗？

➤ 无论主导产品增长得如何快，你是否能控制你自己的增长以防止质量下降、无法正常交货以及客户的流失？

➢ 要有超前的思维，如果主导产品的增长速度放缓，你该如何应对？你的产品经过改进是否可以用于其他用途？你能否延伸到不需要依附其他产品来销售的相关产品和服务？

10

通过满足市场未被满足的需求进行竞争

Zipcar 是如何重新思考
汽车租赁业务的

Z ipcar 公司是全球领先的汽车共享服务提供商。据 Zipcar 估计，公司的每一辆车可以代替 15 辆以上私人拥有的车辆。但它的价值倡议远远超出为客户提供环保、节约的出行方式。Zipcar 的服务方便、易于使用、并诉诸客户的心智。它在不同层面上为客户提供了各种价值，使得客户乐意访问其网站 www.zipcar.com 并预订用车。

在被越来越多的麻烦所困扰的当今世界，Zipcar 公司将成功建立在为企业和个人使用者提供快捷和简单的服务的基础上。越来越多的人愿意支付一定的费用来换取使用上的方便，但 Zipcar 公司能领先于业内是因为它为客户提供的方便能真正为客户节约开支。至少有 65 % 的 Zipcar 用户要么本来就不打算买车，要么卖掉了以前拥有的车，比起自己有车的人，他们平均每月节约 500 美元，同时，当他们需要车的时候，他们可以在任何时候和任何地方用车。

Zipcar 公司拥有超过 25 万被称为 "Zipsters" 的持卡会员，以及分布在全美 13 个主要城市的 5 000 辆汽车，包括波士顿、多伦多、纽约、费城、旧金山和华盛顿特区，在欧洲的伦敦也有一个分公司。Zipcar 公司的吸引力在于：按照每小时大约 10 美元的收费，会员可以方便地使用他们需要的车辆而不必自己拥有一辆。

汽车共享最适合那些住在市区而不想买车的人，他们每次只需要租用几个小时的车，用完后把车放回原处，让其他会员也可以使用。对于一个汽车共享公司来说，比较棘手的问题是在某一给定的地区要有足够的车，但又不能太多。一个公司需要足够的车，使任何成员任何时候在不远的地方都可以找到一辆。

这种汽车共享的理念在欧洲至少已有 20 年的历史。Zipcar 公司的创始人和最初的 CEO 罗宾·蔡司 1999 年在柏林看到这种做法，随之心念一动，便创办了 Zipcar。然而，这个想法在美国比较难以推行，因为美国人对汽车的个人认同感非常强烈。尽管大部分汽车每天开动的时间只有大约一小时，其余的时间都闲置在一边，带来高昂的停车费、保险费和维护费。

但是，日益上升的汽车保有成本和不断恶化的环境逐步改变着美国人的观念，越来越多的美国人开始接受共享汽车的做法。目前，利用高科技系统，Zipcar 公司的每辆车每天都能在道路上行驶几个小时，任何一个会员在需要汽车时都可以在步行不超过 10 分钟的距离内找到一辆。

Zipcar 公司的每辆车能取代 15—20 辆私人拥有的汽

车，因此，那些交通堵塞和停车场紧张的城市都非常高兴和 Zipcar 及其竞争对手合作，一些城市甚至对汽车共享提供补贴。华盛顿郊区弗吉尼亚州的亚历山大和阿灵顿这两个城市就为参加汽车共享计划的居民支付会员费，马里兰州的一个养老院则全额报销使用 Zipcar 公司汽车的费用。

汽车共享是位于人口稠密地区、缺乏停车场所的大型机构的自然解决方案，Zipcar 公司已与主要大型公司和超过 120 所大学结成伙伴关系。在纽约市，史蒂文森镇和彼得库珀村住宅区都为居民提供 Zipcar 公司服务。在华盛顿特区，地铁运输管理局在十几个市内和郊区的地铁站放置 Zipcar 的汽车，以鼓励民众多乘坐地铁，人们在前往某地时，大部分旅途可以乘坐地铁，最后再开车到达目的地。

Zipcar 公司于 2000 年在马萨诸塞州的坎布里奇创建，随后该公司的业务迅速覆盖了波士顿大都市区，并扩张到纽约和华盛顿特区。但购买汽车花费了公司大量资金，造成公司在 2003 年陷入财务困境，Zipcar 公司的投资者因此将 CEO 更换为斯科特·格里菲斯。

格里菲斯意识到需要一个能深度影响客户并改变他们生活方式的新商业模式。为了实现 Zipcar 公司的潜力，格里菲斯决定抛弃公司只注重增加所拥有的汽车数量的旧思路，转而更注重为客户提供方便的取车地点和自助服务。他知道这种转变不太容易，但如果公司能够吸引顾客尝试 Zipcar 为他们带来的方便，然后说服客户完全接受 Zipcar 的理念，Zipcar 公司的发展就将进入快车道。

事实上真的获得了飞速发展，2003 年格里菲斯刚上任时公司只有 150 辆车和 4 000 位客户，现在公司拥有的汽车是 2003 年的 35 倍，客户是 2003 年的 65 倍。每年销售额和会员数量都会翻一倍，一些城市自 2004 年 7 月以

> 　该模式将很多一般认为应由公司员工完成的工作交由公司的会员客户完成，从预定用车到给油箱加满油。

来已开始盈利。

目前，这个快速增长的企业只有 250 名员工，这大部分要归功于格里菲斯的自助服务模式。该模式将很多一般认为应由公司员工完成的工作交由公司的会员客户完成，从预订用车到给油箱加满油。Zipcar 公司依靠会员报告来解决汽车出现的问题，会员同意遵守 Zipcar 公司的六个简单的规则：报告损害、保持清洁、不得吸烟、加满油箱、按时还车、宠物入笼。

Zipcar 公司致力于简化会员必须做的事情，而技术使这一目标得以实现。一个用户界面友好的网站使得会员不需要和员工交谈就能预订用车，预订信息则直接传递到汽车的车载电脑。语音邮件系统允许会员在报告汽车的问题时留言，一个有问题亟待解决的顾客留言会被优先处理。车内遮阳板上的口袋里就放着专用于加油的信用卡，使成员在用车时如果需要停下来加油变得很简单。

寻找答案

当格里菲斯接手时，Zipcar公司只有一辆车停在每个不同的地点，这使潜在客户感到紧张："如果另外一个Zipcar的客户在同一时间也要用那辆车怎么办？"该公司的回答是去用停得稍微远一点的Zipcar的车，而客户对此解决方案显然是不满意的。

格里菲斯的解决方案迅速而大胆："不要纠结于应该在某地停放两辆车还是三辆车。直接在纽约的一些社区投放100辆车，如果管用，接着再投放100辆。刚开始的时候我们会赔钱，但我们就能知道那里到底需要多少辆车，以及我们从多少辆车时开始赚钱。"同时，为了找到与潜

在客户接触的更好方式，他让公司的营销人员去寻找那些
人口特征和 Zipcar 公司承诺的服务相吻合的街区。

事实证明，Zipcar 典型的客户年龄相对年轻、受过良
好教育、对新技术接受得早并生活在城市。到了那年底，
Zipcar 公司的布局已全面展开，目标是那些符合潜在客户
特征的居民比例高的邮政编码区。Zipcar 公司在某一地点
不是停一辆车，而是停四五辆。在一个邮政编码区内放置
的汽车不是十多辆，而是几十甚至几百辆。这样做的效果
非常好。目标客户蜂拥而至签约成为会员，他们迫不及待
地告诉他们的朋友们 Zipcar 是多么方便，为他们节省了多
少钱。

格里菲斯也提升了公司最初比较简陋的车型。在格里
菲斯加入该公司之前，公司的车辆主要由大众甲壳虫和本
田思域构成。今天，公司的会员可以预定 Zipcar 公司所谓

> 通过使租车过程更简单和更透明，格里菲斯增加了客户对公司的认同。

的"情绪车"，包括迷你库珀、普锐斯混合动力车、马自达米亚达敞篷车，甚至还有宝马，总共超过 25 个车型。此外，如果用户不希望别人知道车是租用的，他们还可以租到车门上没有印大大的绿色的"Z"的车。然而，大多数会员并不在意这个，如果他们有什么想法的话，那也是感觉开 Zipcar 的车很自豪。

通过使租车过程更简单和更透明，格里菲斯增加了客户对公司的认同。当他加入 Zipcar 公司时，公司的收费政策是每小时的低费率加上里程收费，这是当时汽车共享行业的通用做法。但在与来还车的会员交谈后，他决定做出一些改变。"人们喜欢我们 4 美元一小时，45 美分一英里的收费方式，"他告诉我，"然后，他们会用几个小时的车，预计花费 15 美元左右，但实际算出来的费用是 35 美元，比之前想象的要高很多，让客户吃惊。"公司需要简化计费方式，让会员能事先知道最终的费用是多少。

简化后的定价政策意味着会员可以支付每小时的收费，这种收费包括每天 180 英里的行驶里程限额，超过限额的里程则按每英里 40—45 美分的标准收费。"如果你给他们太高的行驶里程，"格里菲斯说，"他们会把这些车的轮胎都跑掉，我们的车贬值会太快。"他还出台了一个政策来奖励经常用车的会员：对于事先承诺能达到一定用车量的会员在小时费用和每天的总费用上给予 15%—20% 的折扣。

为了解决会员主要集中在晚上和周末用车造成的用车时间失衡，格里菲斯将新的市场开发点放在平日需要用车的商务人群上。他对小型和大型企业的员工都积极争取，但发现创业者和咨询顾问对汽车共享特别感兴趣。

格里菲斯没遇到多大麻烦就实现了从争取企业中的员

工客户到发展企业合作伙伴的飞跃。当一个公司的品牌和员工特征与 Zipcar 公司相匹配时，他就会提出品牌共享的建议。例如在波士顿，14 辆 Zipcar 公司的车都同时涂有宜家和 Zipcar 标志，宜家随后在其新店划出了"Zipcar 专用停车区"以吸引波士顿市区的居民来位于郊外的宜家购物。Zipcar 公司为使用这些共享品牌的汽车的会员提供折扣，宜家则为 Zipcar 公司提供的折扣报销。

Zipcar 的公司链接——针对企业的销售部门 Z4B（Zipcar for Business）取得了很大的成效。除了为 Zipcar 公司的汽车每周平均增加了几个小时的租用时间，Z4B 现在约为公司贡献了 20% 的收入。

在纽约的市场开拓经验让 Zipcar 受益匪浅，格里菲斯革新他的营销方式，将营销努力直接瞄准目标客户，即他所说的"区域营销"，这使得他能以低得多的成本获得更多的客户。

Zipcar 公司的客户往往是年轻、受过良好教育，以及通晓技术的居住在特色街区的城市居民。类似于军队制订的入侵计划，格里菲斯和他的营销人员研究每个 Zipcar 公司准备进入的城市的地图，使用邮政编码和人口普查数据来查找符合 Zipcar 客户特征的人口最多的区域。随后，Zipcar 并不会在报纸或电视广告上花费大量的钱，Zipcar 公司的团队专注于它的潜在客户。

他们在当地的剧院张贴 Zipcar 公司海报，在餐厅的杂志架上留下宣传册。Zipcar 的员工在街道集市上设立摊位，将 Zipcar 公司的材料送给从地铁或其他公共交通工具上下来的居民。在一些地区，Zipcar 员工将车停泊在全食食品超市外，免费送购物者回家。就这样，Zipcar 公司在其设为销售目标的社区成为无法忽略的存在。

开发客户的规则

> ➢ 除了方便，还要为客户提供不同层面的好处。

> ➢ 知道方便对你的客户意味着什么。

> ➢ 尽可能以最快的速度推出你的产品或服务的价值倡议。

> ➢ 经济并不意味着不给客户提供选择。

> ➢ 识别你的潜在客户并想办法告诉他们你能为他们做什么。

> ➢ 通过开发与你目前的市场不重叠的新客户群来拓宽你的产品或服务的用途。

> ➢ 寻找那些将会受益于你的成功或可以利用你的产品或服务为他们自己谋利益的天然盟友。

通过变革竞争

Shutterfly 是如何在一个新的、
更大的竞争平台上成功的

2005 年 1 月，杰弗里·豪森博尔德成为位于加利福尼亚州雷德伍德的 Shutterfly 公司的首席执行官。当时，这个由丹·鲍姆和伊娃·曼诺里斯于 1999 年 12 月创办的公司只是一家在线照片制作商。但仅用了不到两年的时间，豪森博尔德就迅速扩大了 Shutterfly 的规模并大幅提高其智能化程度，成功地将其转变成一个以互联网为基础的社会表达和个人发布服务的提供商，帮助消费者"分享生活的乐趣、保持和亲朋好友的联系、并保存生活中值得留存的记忆"。Shutterfly 仍然打印客户来自老式的 135 相机以及数码设备的照片，但现在该网站同时提供一系列符合其新的战略眼光的个性化产品和服务。客户可以订做个性化的贺卡、剪贴簿、拼贴海报、相册、日历以及文具等等，再加上一系列使人们容易上传、编辑、增强、润色、共享和存储数码照片的服务。

> 改变自己的业务的参照框架，扩大其范围，在一个新的、更大的领域内竞争。

豪森博尔德发现业务增长的首要秘诀之一是：改变自己的业务的参照框架，扩大其范围，在一个新的、更大的领域内竞争。

豪森博尔德在突破了作为一个在线照片制作商的产品边界后，他不仅挺过了数码技术的发展对照片业的冲击和改变（在他的一些竞争对手因无法适应变化而消亡后，Shutterfly 存活了下来），而且他还把行业的变化转化成自己的优势，公司新的定位和地位使其能够抓住那些当时刚刚在照片业显露苗头的大趋势。Shutterfly 的新的参照框架延伸到消费品以外，包括了在线社区的概念。豪森博尔德的洞察力促使他推动了 Shutterfly 的全面再造，从而导致了公司销售业绩爆炸式增长。

豪森博尔德找到了一个建立坚实的 Shutterfly 网络社区的途径。Shutterfly 的客户非常忠诚——公司 77% 的收入来自于公司目前数量多达 200 万的活跃客户。显然，这些人非常在意保存和分享他们的影像回忆。掌握了这一信息，豪森博尔德重新界定公司业务的参考框架，将其从照片冲印扩展到涉及一系列产品和服务的全方位业务，以方便客户拍照、编辑和装饰照片，将照片发布到网上供朋友欣赏和批评，以及和其他 Shutterfly 的成员交流加工照片的工具和诀窍。这种变化大大增加了客户的乐趣，并将公司和竞争对手区分开来。豪森博尔德通过一个更广角的镜头来看待 Shutterfly 的业务，这使他觉察到照片业和社会的新趋势。

当我询问豪森博尔德是什么促成了 Shutterfly 非凡的成长速度，他首先很谦虚地归功于整个行业的上升趋势。他说，2005 年美国照片冲印市场的价值为 110 亿美元，而这一市场在 2009 年预计达到 310 亿美元，几乎会翻三

倍。这种增长速度本身就已经非常引人注目了，但考虑到
不久前由被认为是有眼光的专家做出的恰好相反的预测，
就更为引人注目了。

　　在过去，摄影爱好者将家庭聚会、度假或在其他一些
场合拍摄的照片整卷 24 张或 36 张进行冲印。摄影爱好者
并没有太多的选择，因为我们大多数人在整卷照片冲印出
来之前没法知道胶卷上哪些照片值得冲印。谁没有扔掉几
十张，甚至数百张或图片模糊、或取景不当（如某人的
头被切了）、或是单调无趣，不值得保留的照片的经历？
由于冲印照片的成本，我们节制按下快门的次数。今天，
有了数码相机和图片预览的功能，业余摄影者可能拍摄成
百张的照片，然后从中选出 50 张打印，这是以前一卷胶
卷的照片的两倍。

　　但是照片打印业意想不到的繁荣也不能完全解释

Shutterfly 的快速增长。现在，照片打印甚至都不是 Shutterfly 的主要收入来源。是的，真正的财富之源来自豪森博尔德对公司的重新定位。他认识到了消费者行为的大趋势，并相应地调整了公司的战略和业务模式以更好地利用这种趋势。

美国人从来不曾像今天这样追求一种有个性的和新的表达方式。2006 年，美国人仅仅在手机铃声上就花费了大约 60 亿美元。数以千万计的人在用博客、播客、YouTube 以及 MySpacing，尼尔森网络评级报告说这个人数大约以每年47%的速度增长，2006 年 4 月，排名前10 位的社交网站达到了 6 880 万用户。人们还纷纷涌向那些可以在那里列出他们自己的东西和他们希望拥有的东西的网站。

豪森博尔德具有先见之明，他预见到人们需要在一个个性化的网络环境里和其他人交往，而这种需求会重振相片业。与此需求相适应，他为 Shutterfly 客户的照片提供了数十种具有个性化的表达方式。客户现在可以将他们的照片印在贺卡、日历、咖啡杯、T 恤衫、磁铁和珠宝等不同的东西上。他们可以将经过个性化处理的照片和文字装订成册进行发布，也可以将他们的孩子的照片做成一个40 页的《我的芝麻街历险记》。借助公司网站提供的照片编辑工具，客户还可以从一张照片中将某个人除去，也可以将剩下的每一个人的牙齿变白。

豪森博尔德把 Shutterfly 定位于网上照片冲印业务的高级时尚品牌。他的目标是使其成为最容易使用的网站、提供最多的设计选择以及竭诚为顾客服务。和一些竞争对手不同，Shutterfly 禁止使用高压的销售策略，不会因为一个客户消失了一段时间就删除他存储的照片，也不会为了节省成本而压缩图像和减少像素。Shutterfly 的价格虽然不是最低的，但是很有竞争力，它的客户服务在业界首屈一指，让客户觉得物超所值。

但即使是在扩大自己的视界后，豪森博尔德的精力始终集中在他的主要业务上。Shutterfly 抵制了将业务延伸到摄影之外的诱惑，成功地建立起一个声誉很高的品牌，并维持和不断扩大忠诚的客户群。它享有的客户忠诚度为其进入剪贴簿、贺卡和照片出版领域提供了便利。

该公司很多创新直接源于豪森博尔德对网上社区变化的敏锐把握。例如，客户可以创建两个个人网页，各有不同的地址，朋友和亲属可以在网上查看和上传照片供大家欣赏和评论。为了营造社区的氛围，豪森博尔德推出了诸如宠物、家庭团聚、家乡、学校等众多主题摄影比赛，并将 Shutterfly 的产品作为奖品。豪森博尔德在这些活动上并没有花太多的钱，也不准备冒太大的风险，他精明地决定仅提供普通的奖品。

豪森博尔德的网络社区意识还延伸到公司的员工，他视员工为一起工作的创新者，而不只是朝九晚五的谋生者。他鼓励有任何建议的员工将他们的想法写下来并进行简单的介绍，同时，来自全公司各部门的人经常在一起分享他们的头脑风暴。每个建议都按照潜在的经济回报和要求投入的资源加以评估，来自高层的评判者定期召开会议，选出优胜者。

在这一套流程的帮助下，Shutterfly 得以挖掘过去两年中公司扩张时新聘用人员带来的新思路。此外，在汇集了整个公司的建议后，员工们的思路也更清晰了。豪森博尔德告诉我："我们都认为，将精力集中在 3—5 个能使我们真正有别于竞争对手的建议是在市场上获胜的正确做法。"

豪森博尔德承认，较之不太正式的方法，他的领导风格需要投入更多的前期时间和精力。"但我认为这样能做出更好的决策，"他说，"它允许在决策问题上进行沟通，这样的决策能够得到来自全公司深层次的支持。"这也意味着豪森博尔德在预算上必须要有一定的灵活性，将10%—15%的预算用于"尝试中的事情"，例如一个新的市场进入策略或一个新的伙伴关系。一定数量的失败是意料之中的，他说，但是"希望这些经验能让我们在学习中成长"。

伙伴关系和从属关系是 Shutterfly 增长战略中的一个重要组成部分。在 2007 年上半年，该公司与雅虎、索尼、德尔塔航空公司、Target 百货公司，以及大卫的新娘婚纱店等达成了协议，致力于相互推广和为彼此的客户提供特别优惠。例如，Target 百货公司在店里展示 Shutterfly 的照片、书籍和贺卡，同时客户能够在线订购照片打印，然后一小时以后来 Target 百货公司的商店取照片。

当然，豪森博尔德的表现不是一个人的表演，其他人也贡献了他们的想法。但豪森博尔德的能力是能在更广阔的范围内审视公司的业务，明察社会变化的趋势，并为 Shutterfly 网站非常成功的转型提供了跳板。

明智之举

> 放宽眼界。你的企业是如何定位的？你的企业的特点是否适合从事目前的行业？该行业目前在如何变化，以及你如何改变你的参照框架从而在一个你可以建立起优势的更广泛的领域内竞争？

➢ 建立一个网络社区，但要有你自己的业务。互联网充斥着致力于为了满足会员的感情需要或实际需要而建立起来的各种网上社区。满足人们的需求当然是好事，而且没有什么比站在社会和商业的交汇点更令人兴奋的事情了。不过，通常来说，这些企业只做好了前半部分，没能做好后半部分。商业是为了赚钱。诉诸感情是非常有力的，网上社区也可以建立有意义的联系，但如果你没有一个与众不同的战略和有效的经营模式，你是不能赚取利润的。Shutterfly 两者兼备，这就是为什么它是少数通过销售真正的产品和服务站稳脚跟的网上社区。

➢ 放宽你的眼界，但缩小你的焦点。互联网对单纯的公司更有利，这些公司致力于单一的一类业务。聚焦于单一市场的公司比那些到处扩展的公司更容易生存，无论后者是多么大的公司。一个更专注的组织能够更有效地调动其精力和资源，这也是 Shutterfly 成功的原因之一。金融市场青睐业务单纯的企业，这类企业从长期来看业绩更好。

> 将思想组织起来。想法在脑中常常转瞬即逝并不意味着你不能运用类似包装产品的方式来严格管理思想。不是只有管理层才有以一个新的参考框架来审视公司定位的能力。Shutterfly 建立起了一种对员工提出的建议非常重视的文化。员工们知道他们的想法可以提高公司的盈利，而这是有利于所有相关各方的。他们还意识到自己的想法会被重视、研究，并根据公开的标准来加以衡量，如果自己的想法被采纳，他们会得到奖励。

> 坚持你的追求。跨出你所熟悉的界限，在一个新的领域下一盘更大的棋局是需要勇气的。如果你的公司存在已经有一段时间了，你的大胆行为可能会让人感到非常

危险。但成功只属于那些坚持自己的信念和敢于承担失败风险的人。

需要问自己的问题

通过扩大公司的参照系，你能否看到一个满足客户被忽略了的需求的机会？在这个更大的竞争领域中，你的优势来自何处？

你的想法如何和你的能力相适应？它和你的行业发展趋势以及更广泛的社会发展趋势如何联系？

你对你的想法是否有足够的信心，且甘愿承担失败的风险？

你的想法是否有足够的说服力，能够吸引公司里的其他人也加入？

你是否有一个在近期内产生利润的健全和可行的计划?

你的业务重心是否足够集中,从而使你能够专注于你的目标市场并建立起服务这些市场所需要的能力?

你是否制定了流程来收集员工的想法并将其融入你的商业模式中?

12

通过刺破泡沫来竞争

MinuteClinic 是如何通过
提供便宜和方便的服务
来满足数百万人未得到
解决的健康服务需求

答案始于人们喜欢在一个泡沫状态中生活——一个由假设、信仰或世界观形成的密闭的茧。

M inuteClinic 提供不需要医生介入的简单医疗服务。执业护士在 MinuteClinic 的诊所可进行针剂注射、治疗咽喉疼痛、开出处方感冒药以及其他类似的不需要医生在场的基本医疗服务。MinuteClinic 是一个公司的典型例子，这类公司的创始人意识到消费者未被满足的巨大的需求，并借用一个看似无关的其他行业的模式抓住了这个机会。这个八年前始于明尼阿波利斯几个合作伙伴的想法目前已经发展成为遍布全美的一项业务，每年为超过 50 万客户提供服务。当 CVS Caremark 公司 2007 年收购 MinuteClinic 时，MinuteClinic 创始人获得了 1.7 亿美元的现金收益。

为什么有些人容易看到机会，而另一些人如果能看到什么，也只能看到障碍？答案始于人们喜欢在一个泡沫状态中生活——一个由假设、信仰或世界观形成的密闭的茧。

例如，这种泡沫的心态在一个失控的牛市中会表现出来，此时，本应关注股市急剧上升的风险的投机者被贪婪所蒙蔽，他们深信价格的飙升会无限期地持续下去，因此就不断买进。最后当泡沫破灭的那一天，他们就傻了眼。

然而，商业泡沫也有好的一面，那就是商业泡沫能鼓励具有创造性头脑的人介入其中将其刺破。MinuteClinic的创始者们就是挤泡沫的人和有创新能力的游击队，他们在那些充满了陈腐观念的行业中和那些自满的公司斗智斗勇并胜出。挤泡沫者可以有各种各样的文化形态和公司规模，但都有一个不可缺少的特点：他们能看到别人看不到的机会，并用一个其他人都认为和该行业无关的模式来利用这些机会。

没有医生的医疗服务

MinuteClinic 诊所建立的前提是：许多常见的疾病并不需要医生的治疗或医院的急诊室，完全可以由训练有素的执业护士安全、便宜和迅速地处理。这种想法听起来并不新奇，丝毫没有革命性的因素，这和杰菲卢·比认为你不需要训练有素的技工来给你的汽车换机油没有什么不同。但在 MinuteClinic 之前，医疗卫生领域中没有人会想到他们可以从满是油污的汽车维修业中学到什么东西。当然，在实践中，MinuteClinic 从构想到现实之路充满了坎坷和障碍。

MinuteClinic 的运营模式是这样的，其诊所一周开放 7 天，总计至少 72 小时。诊所明确公布可以治疗的疾病及其费用。大约 20 多种医疗问题，从过敏、香港脚、脚窦感染到伤口缝合拆线都可以以不超过 59 美元的价格得到治疗，而且医疗保险还能覆盖大部分费用。年龄小于 18 个月的婴儿不能在此就诊，因为婴儿的诊断往往是非常困难的。

一般来说，每一个诊所有一位执业护士，她或他拥有四年制本科学位和两年制护理硕士学位，再加上开处方药的执照。只有能够核实并且迅速确诊的疾病才可以在这里治疗。公司有建立在先进软件支持基础上的操作章程和甄别程序，能够确认诊断结果和排除很严重的情况。如果护士有任何疑问或担心，每个诊所也有待命的医生可以亲自前来。每个病人的诊断报告都会被传真到该病人的主要医疗服务提供商那里去。

在 MinuteClinic，大多数访客在 10—15 分钟内就可以得到治疗。但如果几个患者在同一时间来访，使等待时间超过 5 分钟，那么公司有一个聪明而简单的解决方法：给患者一个传呼机，他们可以去周围的商店购物，轮到他们的时候传呼机就会通知。

迈克尔·C. 豪曾是宝洁公司和海伦·柯蒂斯公司的资深营销人员，他在 2005 年成为 MinuteClinic 的首席执行官，豪的履历还包括在快餐店 Arby's 做了四年的总裁。他告诉我他去 MinuteClinic 的应聘经历："在 5 月 6 日的面试中，我说，'伙计们，我喜欢你们的这个想法，我喜欢它。但是你犯了一个错误，我不是医疗服务行业的。'"但那些招聘人员似乎不在意这一点，此后不到一个月，豪就坐在了总裁的位子上。事实证明，将营销专业的人才带到医疗保健业是一个非常正确的决策，医疗机构常常无视客户的需求的这个泡沫就要遇到一个尖锐的针头，这对

MinuteClinic 的财务健康是大有好处的。

当豪初到公司时，公司董事长格伦·纳尔逊博士交给他的工作是建立起一个系统、流程和结构，为 MinuteClinic 的业务在全美的展开打下基础。两年后，该公司从两个市场的 19 家诊所发展到 10 个州的 83 家诊所，并收到了全美最大的药品零售商 CVS Caremark 的合并邀请。现在，MinuteClinic 已是 CVS 商业帝国的一部分，后者 2007 年在全美 43 个州和哥伦比亚特区拥有 6 000 多家零售和专卖店，MinuteClinic 亮色的小诊所现在几乎随处可见。

医疗保健行业的变革是非常困难的。医生们不仅主导了他们自己的业务，而且也主导了医院和诊所的运营。各州决定谁可以提供医疗保健服务的相关法律也主要是被医生所控制。更何况，医生们对我们所有的人在感情上也有所控制。我们从小就被教育要心怀感激地接受一个医生提供的任何服务。豪将医生和《绿野仙踪》① 联系起来，像故事中一样，没有人敢看幕后的东西。当我们去修车的时候，如果我们方便，我们可以直接到车库去，我们可以问车出了什么问题，我们可以质疑，甚至讨价还价。但正如豪指出的那样："对于医生，你得先预约，你在他的办公室里毫无怨言地等着，医生说什么就是什么，你从来不会讨价还价。"

MinuteClinic 看到了其他人没有看到或忽略了的医疗服务系统中的断层。当今美国的医疗保健面临巨大的挑战，患者可能既失去了耐心，也没有钱来支付飞涨的费用。由医生主导的旧的医疗保健模式已面临困境。事实

---

① 《绿野仙踪》又名《OZ 国经典童话》，是美国作家弗兰克·鲍姆（Frank Baum）在 1900—1920 年期间陆续创作发表的奇幻冒险童话故事集，共 14 本。

> MinuteClinic 诊所通过专注于提供医疗保健市场中最容易、最不复杂的那块服务来解决医疗服务市场的功能障碍。

上，越来越多的人利用互联网来更多地了解自己身体的问题。他们要求医生对所做的诊断和治疗提供更坦率和清晰的解释。让一些人可能感到惊讶的是，有不少医生似乎对此趋势也感到很高兴，甚至感到解脱。

与此同时，医疗保险费用飞涨，参保的门槛提高，使得数百万的美国人没有医疗保险。在美国许多地方，病人，有时甚至是那些正遭受巨大痛苦的病人，必须花几个小时在医院急诊室等候治疗。可以毫不夸张地说，如果你在晚上或周末生病或受伤，你是有生命危险的。

豪的策略很精明，而且从事后看来是显而易见的：MinuteClinic 诊所通过专注于提供医疗保健市场中最容易、最不复杂的那块服务来解决医疗服务市场的功能障碍。该公司的成功实际上源于对医疗和零售业务的同时的准确把握，源于纳尔逊和豪在这两个领域的丰富经验的有机融合。他们在规范医药服务、使其变得方便和实惠上走出了关键的一步。这是一个可能永远不会完全实现的目标，如心脏手术和癌症治疗等是永远不可能变成现成的服务。但是，只要足够小心，并加以必要的调整，MinuteClinic 模式应该能够适用于医疗服务行业中一系列已经标准化的疾病治疗和服务流程上。

纳尔逊负责监督公司医疗服务的不断升级，同时还和医疗界建立了沟通的桥梁，让他的同行相信 MinuteClinic 具有高标准的护理水平和严密的安全措施来防止错误。他甚至与其他更传统的医疗服务机构，包括一些医院，建立了合作伙伴关系。这些医院邀请 MinuteClinic 在它们那里设立诊断室。对于这些开明的医院来说，MinuteClinic 的加入是一个福音，MinuteClinic 的执业护士能帮它们处理那些问题简单的患者，否则这些患者将占用紧缺的医生资

源和增加急诊病人的排队长龙。现在，过度劳累的医生和
医院拥挤的急诊室甚至将候诊的患者主动介绍到
MinuteClinic 来。

至于豪从零售业带来的经验，他将自己的贡献描述为
"引导执业护士以服务为导向，以病人为中心"。例如，
在处理投诉上，"我们不仅教员工如何平息患者的投诉，"
他说，"同时教他们将投诉看做是一次学习的经验。"虽
然在医疗服务领域的一个投诉可以毁掉某人的职业生涯，
但在零售业投诉可以是有益的，因为它告诉一线的员工客
户需要什么。这提供了一个改善服务的机会。

下一个合乎逻辑的步骤，豪告诉我，是提高执业护士
的敏感度，使她们能够在问题全面爆发前阻止投诉发生。
例如，豪敦促她们注意观察客户的身体语言，包括将双臂
交叉在胸前和不断地看手表，这些都是不耐烦的信号。

在市场开拓方面，豪是这样总结他的任务的："接近和沟通。"公司需要"热情主动地接近消费者，将MinuteClinic 的信息传递给他们，让他们了解 MinuteClinic 是什么，不是什么，以及如何最好地利用它"。

豪和他的公司面对的最大的挑战是那些为了维护自己地盘的各州医疗服务业的游说者布下的监管雷区。在他们的影响下制定的各种规则可以回溯到 19 世纪，非常复杂，而且州与州之间还不相同。在大多数州，这些规则加起来就形成了对医疗服务业的垄断，并代表了对知识和技能的传统假设，即："只有由医生运营的诊所才能为你治病。"但是，一个州接一个州地，MinuteClinic 突破了这些规则，成功地设立新的诊所。豪对此满怀乐观，他认为，改革是无法避免的，而历史似乎也支持这一观点。毫不奇怪，豪很有信心地认为 MinuteClinic 将很快成为一个家喻户晓的名字。

明智之举

> 拓宽你的视野。通过从零售市场的角度来看待医疗服务业，MinuteClinic 的创始人能够识别出一种异常现象，并提供另一种解决方案。

> 结交朋友。您的头号目标当然是超越你的竞争对手。但如果你已经做到了这一点，就应该考虑让自己冷静下来，将原来用于竞争的很多精力和资源转而用在业务上。

> 面对变化采取行动。识别一个问题并找到一个其他行业的商业模式来模仿只是第一步，接下来的是认真执行你的想法。

➢ 重新定义文化。当你创建一个刺破泡沫的商业模式时，不要把任何事情都视为理所当然。你需要建立一种能够支持你想要实现的目标的文化。

需要问你自己的一些问题

➢ 你是否在你的行业之外寻找如何为你的客户创造更多价值的途径？

➢ 在你的行业，客户尚未得到满足的需求有哪些？你能在其他领域找到一个类似的已经解决了的问题吗？是否可以将这一模式修改后为你所用？

➢ 你对你的客户如何评价你的公司和行业的表现是否有一个实事求是的评估？

➢ 你是否能改变你的商业模式，使整个行业朝着更好的业绩方向发展？

　　➤ 你的客户和公司是否能从与其他公司，包括你的竞

争对手的合作中获益？

　　➤ 如果要改变你的商业模式，公司现有的人员、流程

和技术需要做什么样的改变？

　　➤ 你需要在公司内部进行什么样的文化和行为变革？

　　➤ 你的员工能适应吗？